Henry Simonsfeld

Andreas Dandolo und seine Geschichtswerke

Henry Simonsfeld

Andreas Dandolo und seine Geschichtswerke

ISBN/EAN: 9783743683013

Hergestellt in Europa, USA, Kanada, Australien, Japan

Cover: Foto ©Thomas Meinert / pixelio.de

Weitere Bücher finden Sie auf **www.hansebooks.com**

ANDREAS DANDOLO

UND SEINE

GESCHICHTSWERKE.

VON

DR. HENRY SIMONSFELD.

MÜNCHEN.

THEODOR ACKERMANN.

—

1876.

Herrn Geheimrath

Prof. Wilhelm von Giesebrecht.

Die venetianische Geschichtschreibung des Mittelalters hat bisher fast keine kritische Bearbeitung gefunden. Im vorigen Jahrhundert hat wohl Tartarotti den Versuch gemacht, die Quellen der bekannten Chronik des Dogen Andreas Dandolo nachzuweisen; aber, gering wie die Kenntniss venetianischer Geschichtswerke des Mittelalters damals war, hat er sein Hauptaugenmerk auf die nichtvenetianischen Quellen des genannten Autors gerichtet. [1]) Seitdem ist neues Material hinzugekommen, ohne dass es bisher eingehend geprüft worden wäre, wenn es auch nicht an einzelnen kritischen Bemerkungen in den Ausgaben dieser ältesten Chroniken oder in den Werken zur Geschichte Venedigs fehlt.

Als ich die vorliegende, durch mehrfache Unterbrechungen verzögerte Arbeit begann, hatte ich mir die Aufgabe gestellt, einmal die Geschichtswerke des Andreas Dandolo selbst und dann ihr Verhältniss zu den bisher veröffentlichten Quellen zu untersuchen. Bald aber zeigte sich, dass schon die Ausgabe der grossen Chronik oder der Annalen Dandolo's eine so fehlerhafte sei, dass ohne Heranziehung von Handschriften an eine befriedigende Lösung der Aufgabe nicht gedacht werden konnte. Aehnlich verhielt es sich mit einigen der älteren Chroniken, und zugleich wurde ich auf bisher unbekannte oder verloren geglaubte Quellen aufmerksam gemacht, deren Kenntnissnahme unentbehrlich schien.

1 Muratori Rerum Italicarum Scriptores tom. XXV.

Dass ich nun die nothwendigen handschriftlichen Studien machen konnte, verdanke ich der Gnade Seiner Majestät des Königs Ludwig II von Bayern, der mir durch Verleihung des von Allerhöchst demselben gestifteten König Ludwig II Stipendiums den wünschenswerthen Aufenthalt in Italien ermöglichte. Ihm sei an erster Stelle mein ehrerbietigster, tiefgefühltester Dank dargebracht. — Dann aber sei es mir vergönnt, meinen hochverehrten Herren Lehrern, dem Geh. Rath W. von Giesebrecht und dem Geh. Reg.-Rath G. Waitz meinen wärmsten Dank auszusprechen für die Theilnahme, welche sie meinen bisherigen Studien und insbesondere dieser Arbeit geschenkt haben. Endlich habe ich die angenehme Pflicht, Allen denen zu danken, die mich auf irgend eine Weise bei dieser Arbeit unterstützt haben, und die einzeln zu nennen, mir hier nicht möglich ist. Gerne gedenke ich namentlich der freundlichen Aufnahme, die ich in Italien gefunden.

Die Annalen des genannten Dogen bilden auch jetzt noch den Mittelpunkt meiner Abhandlung; und zwar werde ich nach einem kurzen Ueberblick über die Regierung des Andreas Dandolo in einem zweiten Abschnitt dessen schriftstellerische Thätigkeit, in einem dritten die Quellen seiner Annalen betrachten.

Die früheren venetianischen Geschichtswerke in ihrem gegenseitigen Verhältnisse zu untersuchen, muss einer anderen Arbeit überlassen bleiben. Bei der Wichtigkeit der Annalen Dandolo's und bei dem Interesse, welches durch eine Reihe glänzender Untersuchungen zur florentinischen Geschichtschreibung für die italienische des Mittelalters überhaupt neuerdings erwacht sein dürfte, sind auch die folgenden Untersuchungen vielleicht nicht unwillkommen.

I.

Mit der Schliessung des grossen Rathes im Jahre 1297 hatte der venetianische Staat das Ziel, welchem er — bewusst oder unbewusst — seit dem Ausgang des zwölften Jahrhunderts zusteuerte, erreicht. Seit jener Zeit bereits hatten sich die Adelsfamilien mehr und mehr in den Besitz der Gewalt zu setzen gewusst: von nun an concentrirte sich alle Macht wesentlich in den Händen einer kleineren Zahl von Geschlechtern.

Zu den ältesten und berühmtesten gehörte das der Dandolo. Zwar fehlen sie in dem Verzeichniss der Familien, welche bei Beginn des 9. Jahrhunderts aus den umliegenden Inseln und Ortschaften nach dem Rialto zogen [1]; aber schon am Ende des 10. Jahrhunderts finden wir sie als Zeugen urkundlich aufgeführt: so in einer Urkunde aus dem Jahre 979 einen Vitus (?) Dandulus [2] und einen Vitalis Dandolo in der Stiftungsurkunde des Klosters San Giorgio Maggiore aus dem Jahre 982 [3]. In der Folgezeit sehen wir Glieder dieses Geschlechtes die höchsten weltlichen und geistlichen Stellen im Staate einnehmen. Ein Dandolo, Heinrich, sass auf dem Patriarchenstuhl von Grado, als in Venedig der welthistorische Friede zwischen Kaiser und Papst geschlossen wurde: ein mächtiger, streitbarer Kirchen-

---

1) Muratori Rerum Italicarum Scriptores tom. XII col. 156.

2 Romanin: Storia documentata di Venezia 1853 tom. III pag. 379.

3 Cicogna: Delle Iscrizioni Veneziane tom. IV pag. 286.

1*

fürst, der, erfüllt von den Ideen seiner Zeit, namentlich in
der ersten Hälfte seiner langen Amtsführung (1130—1182)
mehr als einmal mit der staatlichen Gewalt in Konflikt
kam. Geraume Zeit hernach — im Jahre 1192 — bestieg
das Geschlecht, ebenfalls mit einem Heinrich, den Thron
der Dogen. Wer hätte nicht von diesem Manne gehört,
der — eine der denkwürdigsten Gestalten des ganzen
Mittelalters — hochbetagt, aber wunderbar frischen, feurigen
Geistes, an der Spitze der Kreuzfahrer hinzieht über das
Meer und die Hauptstadt des krankenden Ostreiches im
Sturme nimmt? Ist auch das Dunkel, das über den Motiven
dieses Zuges schwebt, noch nicht völlig geiichtet: unbe-
stritten ist, dass gerade von ihm recht eigentlich die Grösse,
die Weltstellung Venedigs datirt.

Einen rühmlichen Platz in der Geschichte ihres Landes
nehmen auch die beiden nächsten Dogen dieses Hauses
ein, von denen der eine, Johannes Dandolo, von 1280—1288,
der andere, Franciscus Dandolo, in den Jahren 1329—1339
den Staat leitete. Besonders zeigte sich der Letztere als
ein kluger, thatkräftiger Fürst; schon vor seiner Wahl
hatte er wiederholt als Gesandter seiner Vaterstadt die
Interessen derselben — besonders bei den Verhandlungen
mit dem Papst Clemens V über die Aufhebung des von
ihm über Venedig verhängten Interdiktes — geschickt und
mit Erfolg vertreten.

Bereits nach des Franciscus Tod soll Andreas
Dandolo[1] zur höchsten Würde vorgeschlagen gewesen
sein, die er vier Jahre später wirklich erhielt — in dem
für Venedig ungewöhnlich jungen Alter von 36, nach

1, Cappellari «Campidoglio Veneto» handschriftlich auf der Markus-
bibliothek in Venedig; daraus auch die Notizen bei Romanin Stor. doc.
t. III p. 147. Obwohl Andreas Dandolo sich selbst «Andreas
Dandulo» unterzeichnet hat, habe ich doch die erstere Form als die
gebräuchlichere beibehalten.

Anderen nur 33 Jahren [1]). Seine Jugend scheint allerdings,
wenn wir einer Notiz in der «Historia Cortusiorum» Glauben
schenken dürfen, Bedenken erregt zu haben: es heisst dort, [2])
dass erst nach einem Kampfe (certamen), und da man
sich über einen älteren Mann (de aliquo annoso eligendo)
nicht habe einigen können, Andreas Dandolo gewählt
worden sei. Aber trotz seines jugendlichen Alters hatte
man ihm bereits wichtige Stellungen anvertraut. Sicher ist,
dass er schon seit dem Jahre 1331 das Amt eines Prokurators von San Marco bekleidete. Im Jahre 1333 wurde er
Podestà von Triest [3]) und drei Jahre später «provveditore
in campo» im Kriege gegen Mastino della Scala. Am
4. Januar 1343 erfolgte seine Wahl zum Dogen. Dies ist
Alles, was wir von seiner früheren Laufbahn bis jetzt
wissen; auch von seinem Bildungsgang verlautet nichts
Näheres. Mit besonderem Eifer scheint er unter der Leitung
des berühmten Rechtsgelehrten Riccardo Malombra sich
dem Studium der Jurisprudenz gewidmet zu haben; Spätere
berichten, dass er sich in dieser Wissenschaft den Doktor-
hut errungen habe [4]) und sogar eine Zeit lang selbst Professor der Rechte in Padua gewesen sei. [5]) Wird dies auch
nicht durch ältere Zeugnisse bestätigt, so hat doch Andreas
Dandolo, wie wir unten sehen werden, unzweifelhaft ausge-

---

1) Laurentii de Monacis Chronicon de Rebus Venetis (1758 pag. 310)
hat 36 Jahre; Marino Sanudo: Vite di Duchi di Venezia (Muratori Scr.
t. XXII col. 609) 36 J. 8 M. 5 T.; Raphayni Caresini Chronicon (Muratori Scr. t. XII col. 417) 33 J.

2) Muratori Scr. t. XII col. 909 D.

3) cf. Mainati: Chroniche di Trieste t. II p. 66, wo eine Urkunde
vom 13. December 1333 mitgetheilt ist, in welcher der Bischof Pax von
Triest Andreas Dandolo mit dem Gebiet von Siparo bis Pola belehnt.

4) Marino Sanudo loc. cit. . . und Sansovino: Venetia Città nobilis-
sima (Venedig 1663 p. 568); cf. Foscarini: Della letteratura Venez.
(Venedig 1854 p. 46).

5) So Cappellari. Bei Tomasini: Comentar. de Gymn. Patavino lib.
IV (p. 383. ed. 1654) wird Andreas Dandolo gar nicht erwähnt.

dehnte juristische und — fügen wir gleich hinzu — historische Kenntnisse besessen. Sie, im Verein mit dem Ansehen seines Geschlechtes und den trefflichen Eigenschaften seines Charakters, mögen bei seiner Wahl vorzüglich den Ausschlag gegeben haben. Seine Leutseligkeit, seine Freigebigkeit, seine Milde, seine Gerechtigkeitsliebe, seine Beredtsamkeit, seine Gelehrsamkeit wird überall gepriesen. Urtheile von Zeitgenossen und von späteren Schriftstellern hat Muratori[1]) in der Vorrede zu Dandolo's Annalenwerk gesammelt, andere haben Tafel und Thomas in den Abhandlungen der k. bayer. Akademie der Wissenschaften (histor. Klasse Bd. VIII, p. 9 ff.) mitgetheilt. Der Kanzler Benitendi de Ravagnani, Raffaele de Caresini, Lorenzo de Monacis, Marino Sanudo der Jüngere: sie alle sind seines Lobes voll; nicht minder Petrarca, der mit unserem Dogen persönlich befreundet, in Briefen und in dessen Grabschrift seiner Verehrung beredten Ausdruck gegeben hat.

Ein Fürst, wie Andreas Dandolo war, hätte in Zeiten des Friedens seine Tugenden in vollstem, segensreichem Masse entfalten können — leider war aber seine ganze Regierung erfüllt von Kriegslärm. Ich muss mich hier darauf beschränken, nur einen Umriss der mannigfachen Ereignisse während seines Dukats zu geben; eine eingehendere Darstellung müsste auch auf umfassenden archivalischen Studien beruhen, die vielleicht manches neue Licht verbreiten würden, mir aber bisher nicht möglich waren.[2])

Es waren die Angelegenheiten im Orient, auf welche der Doge und sein Rath damals zunächst ihr Augenmerk richten mussten. Die Türken, die sich bereits in Kleinasien festgesetzt hatten, beunruhigten von dort aus die Inseln des ägäischen Meeres. Schon früher, unter der Regierung

---

1) Script. tom. XII.

2) cf. neben den genannten Werken besonders Lebret: Staatsgesch. von Venedig Bd. II, 1. p. 4—37.

des Franciscus Dandolo, war gegen diesen Feind eine Ver-
einigung abendländischer Fürsten zu Stande gekommen,
und man hatte bereits zu einem Zuge gerüstet, der aber
schliesslich unterblieb. Im Jahre 1343 wurde vorzüglich
auf Betreiben des Papstes Clemens VI die Sache wieder
aufgenommen und ein Bündniss zwischen dem Papst, dem
Dogen, dem König von Cypern und dem Hospitaliterorden
zu Rhodus geschlossen; man griff den Feind an, und wirklich war das Unternehmen Anfangs von Erfolg begleitet,
indem die vereinigten Streitkräfte das feste Smyrna nahmen.
Bald darauf aber gewannen die Türken wieder die Ober-
hand, im Jahre 1348 scheint sich die Union aufgelöst zu
haben. Ein neuer im Jahre 1350 geschlossener Bund trat
thatsächlich nicht in's Leben. [1])

Während man so mit Ungläubigen im Kampfe stand,
trat man andererseits mit Ungläubigen in Handelsverbind-
ungen. Wohl hatte man von päpstlicher Seite solchen
Handel für ketzerisch erklärt, die venetianischen Gesandten
aber wussten sich doch den nöthigen Dispens bei der
Kurie zu verschaffen. Der nämliche Papst, Clemens VI,
gestattete (1344) der Republik den Handel nach den ägyp-
tischen und syrischen Häfen, zuerst für einige Jahre mit
einer kleineren Anzahl von Schiffen, bald aber verlängerte
er den Termin. Abgesehen von allen anderen Vortheilen
dieser Verbindung war dieselbe den Venetianern gerade
damals um so wichtiger, als in Folge 1343 ausgebrochener
Streitigkeiten mit den Tartaren der nach diesem Lande
geführte, lebhafte Handel augenblicklich ruhte. Erst im
Jahre 1347 gelang es der Republik durch neue Verträge
mit dem Tartarenherrscher Zanibech sich den Handel nach
dem Platze Tana wieder zu sichern. [2])

1) cf. Raynald Annal. Eccles. ad a. 1343 n. 4; 1344 n. 2 (wo
auch die Genuesen als Theilnehmer genannt werden); 1344 n. 3; 1348
n. 27. 28; 1350 n. 33; 1351 n. 22.
2) cf. Tafel und Thomas p. 123 aus dem Index Pactorum lib. III. cart. 420.

In jene ersten Zeiten von Andreas Dandolo's Regierung fallen auch Zwistigkeiten mit dem Grafen Albert von Görz, die im Jahre 1344 durch einen Frieden zu Gunsten der Venetianer beendet wurden. [1]) Gefahrdrohender war die Empörung der Stadt Jadra (Zara) in Dalmatien im Jahre 1345, die, wie schon früher zu wiederholten Malen, die venetianische Oberherrschaft abzuschütteln versuchte und sich unter den Schutz des Königs von Ungarn begeben hatte. Allein auch diesmal waren diese Bestrebungen vergebens. Obgleich König Ludwig mit einem überaus starken Heer zur Unterstützung Jadra's herbeieilte, blieben die Venetianer doch Sieger. Die Jadratiner mussten sich Ende des Jahres 1346 auf Gnade und Ungnade ergeben [2]), der König selbst hatte eine empfindliche Niederlage erlitten. Mit diesem mächtigen Nachbarn hielt man es jedoch bald für gerathen in Unterhandlungen zu treten und (1348) Verträge auf mehrere Jahre abzuschliessen [3]), welche Ludwig jedoch so wenig hielt, dass die Venetianer gar bald über neue Feindseligkeiten von seiner Seite sich zu beschweren hatten.

Ebenso geringen Erfolg wie der Aufstand der Jadratiner hatte der der Bewohner von Justinopolis, einer Stadt Istriens, im Jahre 1348 [4]), welche die Schwächung der Venetianer durch den schwarzen Tod sich hatten zu Nutzen machen wollen. Diese entsetzliche Krankheit, der ein ungemein starkes Erdbeben vorhergieng, hatte auch in Venedig, wo sie mehrere Monate wüthete, ungeheure Opfer gekostet;

---

1) cf. ibidem. (cart. 399).

2) ibidem p. 147 (lib. V. fol. 199).

3) ibidem fol. 224. cf. besonders Monumenta Slavor. meridion. ed. Ljubić (3 Bde. Agram 1868—1872), die ein reiches Material für diese Verhältnisse enthalten.

4) Tafel und Thomas l. c. p. 148 aus dem Ind. Pact. lib. V fol. 232—239.

sic soll da den dritten Theil der Bevölkerung [1]), nach anderen Nachrichten von zehn Menschen sieben hinweggerafft haben, so dass man allen Fremden, welche mit ihren Familien nach Venedig kamen und daselbst zwei Jahre wohnen blieben, das Bürgerrecht verlieh. [2])

Weitaus am meisten zu schaffen machten jedoch noch immer die alten Nebenbuhler Venedigs, die Genuesen, die darnach trachteten, sich in den alleinigen Besitz des Handels mit den Tartaren nach dem Meere von Asow zu setzen. Vertragsverletzungen von Seite der Genuesen und zuletzt Wegnahme venetianischer Schiffe, die nach Caffa, der genuesischen Faktorei auf der Halbinsel Krim, kamen, führten endlich (1350) zum offenen Bruch und zu einem grossen, schweren Krieg, in welchem von beiden Staaten die grössten Rüstungen gemacht wurden und mit wechselndem Erfolge gekämpft wurde. Die Venetianer verbündeten sich während desselben mit dem damaligen Herrscher von Byzanz, Johannes Kantakuzenos, und dem König Peter von Aragonien; die Genuesen hingegen mit den Türken und dem König Ludwig von Ungarn, der die venetianischen Besitzungen in Dalmatien angreifen sollte. Vergebens ermahnten die Päpste — zuerst Clemens VI und hernach Innocenz VI — wiederholt zum Frieden, vergebens suchten andere Fürsten, wie namentlich König Johann von Frankreich, zwischen den erbitterten Feinden zu vermitteln: [3]) es schien ein Vernichtungskampf werden zu sollen. Als endlich im August des Jahres 1353 die vereinigte venetianisch-aragonische Flotte bei der Insel Sardinien einen glänzenden Sieg über die genuesische erfocht, da warf sich Genua, bis zum Aeussersten erschöpft, in die Arme Johannes Visconti's, des gewaltigen Erzbischofs von Mailand. Der grossen Macht

---

1) Caresini l. c. col. 419 c.

2) Lorenzo de Monacis p. 315.

3) cf. Raynald Ann. Eccles. ad a. 1347 n. 22; 1349 n. 10; 1351 n. 23. 24; 1352 n. 12. 13. 14. 15; 1353. n. 10. 13.

gegenüber, die dieser bedeutende Mann in seinen Händen
vereinigte, galt es, sich nach neuen Bundesgenossen um-
zusehen. Es bildete sich mit den beiden Carrara von Padua,
dem Can Grande della Scala von Verona, dem Markgrafen
Aldobrandini von Ferrara, den Gonzaga von Mantua und
den Manfredi von Faenza ein grosser venetianisch-lombar-
discher Bund, dem auch der deutsche König Karl IV bei-
trat, der auf seiner Romfahrt helfend einzugreifen versprach.[1]
Ueberdies suchte Venedig um Aufnahme in den »tuscischen
Bund« der drei Städte Florenz, Perugia und Siena nach.[2]
Da konnte von Friedensunterhandlungen nicht mehr die
Rede sein; die Anerbietungen des Johannes Visconti wurden
zurückgewiesen, auch eine Gesandtschaft Petrarca's nach
Venedig blieb erfolglos.[3] Aber wider alles Erwarten begann der Krieg mit einer Niederlage der Venetianer. Während
Karl von Böhmen sich nur sehr langsam in Bewegung setzte,
drang die genuesische Flotte, die augenblickliche Abwesenheit der venetianischen benützend, rasch in das adriatische
Meer ein, überfiel und plünderte die Stadt Parenzo in Istrien
und verbreitete dadurch panischen Schrecken in Venedig
selbst. Schon erwartete man hier einen Angriff auf die
Stadt und traf eiligst Vorkehrungen, sie zu schützen, indem
man den Lido befestigte und sich bereit hielt, auf den ersten
Ruf in Waffen auf dem Markusplatze zu erscheinen. An
diesen Zurüstungen nahm, wie Petrarca in einem Briefe
berichtet[4], auch Andreas Dandolo selbst thätigsten Antheil
und hat hiebei wohl, in treuester Ausübung seines Amtes,

---

1) Tafel u. Thomas l. c. p. 150 aus dem Ind. Pactorum lib. V
fol. 293 322.

2) cf. die von Gius. Canestrini mitgetheilten Urkunden (Archivio
Storico Italiano Appendice tom. VII p. 392 u. 396) No. 52 u. 57, die
jedoch beide das Gleiche melden unter gleichem Datum «15. April».
Die beigefügte Indiction VII beweist, dass No. 52 zu streichen und die
aus dem Jahre 1354 datirende Urkunde die richtige ist.

3) Fracasseti Epist. Petrarchae (1862) Variar. lib. XVIII No 16 p. 507.

4) ibidem Epist. familiares lib. XIX No. 9.

den Keim des Todes in sich gelegt, der ihn schon nach
wenigen Wochen am 7. September 1354 ereilte. Er hatte
kaum zwölf Jahre regiert und das fünfzigste Lebensjahr
noch nicht erreicht. [1])

Spätere Geschichtschreiber [2]) haben die Ursache seines
frühen Todes in dem Gram über das Missgeschick seines
Vaterlandes erkennen wollen und ihm damit das beste
Zeugniss seiner glühenden Vaterlandsliebe ausgestellt. Man
hat ihm wohl zum Vorwurf gemacht, dass er allzu hart-
näckig am Kriege mit Genua festgehalten habe. [3]) Aber
es frägt sich, in wie weit der Doge, in wie weit seine
Räthe oder die ihm zur Seite stehenden Raths-Kollegien
an der Fortsetzung des Kampfes Schuld gewesen seien.
Der Doge war gar nicht in der Lage allein über Krieg
und Frieden entscheiden zu können; mit Recht weist der
Kanzler Benitendi in einem Schreiben an Petrarca auf die
Schranken hin, welche dem Dogen durch die Verfassung
gesetzt waren, die Andreas Dandolo nicht, wie sein be-
kannter Nachfolger, Marino Falier, zu verletzen wagte. [4])
Möglich ist allerdings, dass Andreas Dandolo, der, wie
derselbe Benitendi versichert, von Natur friedliebend war,
durch die kriegerische Stimmung seiner Umgebung mit
fortgerissen und zu kriegerischer Leidenschaft entflammt
worden ist, wie dies Petrarca ebenfalls in einem Briefe

---

1) Er ist der letzte Doge (Marino Sanudo l. c. col. 628 B), der
in der Marcuskirche und zwar in der Taufkapelle begraben ist, die er
selbst mit Mosaikarbeiten ausschmücken liess; auch die Kapelle des
h. Isidor rührt von Andreas Dandolo her (Caresini l. c. col. 422 D.).

2) cf. Lorenzo de Monacis p. 315. Marino Sanudo l. c. col. 627 E.

3) Romanin l. c. tom. III. p. 173.

4) Tafel u. Thomas l. c. p. 16. — — certum tene, omni tempore
appentissimum pacis fuisse; at ut audire saepius potuisti, hic mos,
gloriosum quippe patriae nostrae decus, Ducibus nostris est, ut — —
potius sequi, quam ducere, nec tam imperandi, quam parendi sibi potestatem asciscant.

andeutet. [1]) Wie dem auch sei: das strenge Pflichtgefühl, das ihm inne wohnte, gebot ihm die Beschlüsse, nachdem sie einmal gefasst waren, soweit es ihm zukam, gewissenhaft auszuführen.

Von den Pflichten, die ihm seine hohe Stellung auferlegte, war er überhaupt ganz und gar durchdrungen und weit dehnte er die Grenzen derselben aus. Dies »erhabene Bewusstsein« — sicher eine der schönsten Zierden seines Charakters — spricht sich deutlich namentlich in seiner wissenschaftlichen Thätigkeit aus, die wir im folgenden Abschnitt näher betrachten werden; sie sollte wesentlich dazu dienen, auch das geistige Wohl seines Volkes zu fördern. [2]) Das höchste Ziel, das er stets im Auge behielt, war das Gesammtwohl seiner Unterthanen, denen er, wie er selbst einmal sehr schön sagt, lieber »prodesse« als »praeesse«, lieber »fürsorgen« als »fürstehen« wollte; in ihm erkannte er mit Recht auch die Grundlage für den Ruhm des Fürsten selbst. [3]) Und so sehen wir in Andreas Dandolo das leuchtende Bild eines wahrhaft edlen, trefflichen Fürsten und wir begreifen den Schmerz des Kanzlers Benitendi, wenn er klagt, dass in ihm ein glänzender Stern, ein Vater des Vaterlandes gestorben sei. [4])

---

1) ibidem p. 13 u. Fracasseti Variar. lib. XVIII. No. 16.

2) cf. die Vorreden zum Liber Albus (Tafel u. Thomas p. 24—26) und zu dem lib. VI der Statuta Venetorum, sowie die von Muratori l. c. tom. XII p. 9 u. 10 mitgetheilten Schreiben.

3) cf. Tafel u. Thomas p. 26.
— — dominantis tanto emenentius fama crescit, quanta instantius comodis subiectorum insudare dignoscitur — · —

4) ibid. p. 16. 17.

II.

Die Zeit, in welcher Andreas Dandolo lebte, war eine
geistig bedeutsam erregte. Es ist die Zeit, wo das Ende
des Mittelalters, der Beginn der Renaissance sich vorbe-
reitet; es ist die Morgenröthe der neuen Zeit. Wir haben
wiederholt Petrarca genannt; er ist ja eben, um mit Gre-
gorovius [1]) zu reden, der Repräsentant des Kulturprocesses
seines Jahrhunderts. Und wir brauchen uns nur die viel-
fachen Beziehungen dieses Mannes zu seinen Zeitgenossen
und — worauf es uns hier noch besonders ankommt —
zu den Fürsten seiner Zeit ins Gedächtniss zu rufen, um
zu erkennen, wie er es war, der «der ganzen humanistischen
Epoche die Richtung gegeben hat.» «Petrarcas Name»,
sagt Leo, [2]) «steht an der Spitze einer Hofdichterschule,
deren Schüler fast alle den Fürstenhut trugen.» Um aus
der Zahl der damaligen italienischen Fürsten nur einen,
den berühmtesten, zu nennen: König Robert von Neapel,
der «König der Philosophen und Dichter,» wie er von
Petrarca genannt wird (dessen Dichterkrönung er ja so
eifrig betrieb), war nicht blos ein Beschützer der Wissenschaften, sondern im Besitze scholastischer Bildung hat er
sich auch selbst wohl in «Traktaten und Sermonen über
religiöse wie profane Fragen» versucht. Und auch ausser-
halb Italiens wandten sich Fürsten wissenschaftlichen Be-

---

1) Gesch. der Stadt Rom im Mittelalter 2. Aufl. Bd. VI, p. 662.

2) Gesch. von Italien Bd. VI p. 302.

strebungen zu. Wird nicht Karl IV. als der gelehrteste aller Kaiser des Mittelalters gepriesen?

Andreas Dandolo war also keineswegs der einzige Fürst, der Sinn für die Wissenschaften gehabt hat, auch nicht der einzige Gelehrte unter seinen fürstlichen Zeitgenossen, aber wohl einer der wenigen, die auf dem Gebiete der Geschichte selbstständig in grösserem Umfang gearbeitet haben, und dies inmitten einer reichen Regierungsthätigkeit. [1] Diesen Ruhm theilt er nur mit Karl IV, der jedoch seine Selbstbiographie erst gegen das Ende seiner Regierung verfasst haben dürfte, [2] so dass Andreas Dandolo jedenfalls der Zeit nach den Vorrang einnimmt. Eine Parallele zwischen Beiden ergibt einige nicht uninteressante Berührungspunkte, auf welche kurz hinzuweisen mir erlaubt sei. Gemeinsam ist Beiden bei ihrer schriftstellerischen Thätigkeit, dass sie — vielleicht in richtiger Würdigung der Schwierigkeit der Aufgabe — nicht die Geschichte ihrer eigenen Regierung geschrieben haben; gemeinsam auch Beiden der Zweck praktischer Belehrung, den sie mit ihren Arbeiten verbanden. Während aber Karl IV die Geschichte seiner eigenen Jugend darstellte, hat Andreas Dandolo die seines Landes sich zum Gegenstand genommen. Der Grund dieser Differenz mag darin liegen, dass es nicht an Männern fehlte, welche die Geschichte Böhmens im Zusammenhang bearbeitet hatten oder — auf Karl's Veranlassung und mit dessen Unterstützung — zu bearbeiten verstanden; wohl aber mochte unser Doge eine solche Geschichte seines Landes vermissen und auch vielleicht die geeigneten Männer, diese Lücke

1) Der bereits oben erwähnte, damalige Kaiser von Byzanz, Johannes Kantakuzenos, schrieb die Geschichte seiner Zeit erst nachdem er des Thrones verlustig gegangen war (1355), als Mönch und kann daher hier nicht in Betracht kommen.

2) cf. Böhmer Fontes rer. Germ. I, XXIII. und Neues Lausitzisches Magazin Bd. 26, pag. 31.

auszufüllen. Und während Karl in seiner Selbstbiographie
gewissermassen nur einen Regentenspiegel für seine Söhne
geben wollte, war es — wenn wir recht sehen — das
venetianische Volk, das Andreas Dandolo, wie sich selbst,
über die Vergangenheit aufklären und unterrichten wollte.
Wie sehr er es aber auch verstand, aus seinen historischen
Studien einen praktischen Nutzen zu ziehen, zeigen die
beiden Dokumente, welche Muratori am Anfang des zwölften
Bandes der Scriptores herausgegeben hat. Das erste derselben ist ein Erlass Andreas Dandolo's vom 6. Juni 1353,
der energisch die Rechte der Dogen auf die Markuskirche
betont und dieselben an der Hand der Geschichte durch
einen kurzen Ueberblick über die Entstehung und Einrichtung der genannten Kirche nachweist. — Das zweite
Schriftstück ist ein offenes Schreiben des Kanzlers Benitendi
vom 5. December 1352 und handelt in dem zweiten Theil
von der Investitur der Geistlichkeit Venedigs durch den
Dogen, mit welcher Frage sich Andreas Dandolo nach der
Aussage Benitendi's eingehend beschäftigte; auch hier wird
durch historische Belege nachgewiesen, dass das vom Dogen
geübte Recht der Investitur ein altes sei, wie dies durch
ein aus der Mitte des 12. Jahrhunderts stammendes Rescript
bestätigt werde.

Wir haben bisher vorzüglich die Thätigkeit unseres
Dogen als Geschichtschreiber in's Auge gefasst und werden
nachher eingehender auf sie zurückkommen; wir müssen
aber auch seine Bestrebungen auf einem anderen Gebiete
betrachten, wo er sich ebenfalls mit Karl IV berührt, auf
dem Gebiete der juristischen Wissenschaft — als Gesetz-
geber und Gesetzessammler. Hier verfolgten beide Herrscher den gleichen Zweck: die Befriedigung unmittelbar
praktischer Bedürfnisse ihrer Länder. Hat Karl die goldene
Bulle erlassen, ein Landbuch für Brandenburg veranlasst
und für Böhmen die Majestas Carolina vielleicht zum Theil
selbst entworfen, so hat Andreas Dandolo der grossen

Gesetzessammlung seines Vaterlandes, den «Statuta Venetorum», das sechste Buch hinzugefügt.

Dasselbe umfasst in 84 Kapiteln die Verbesserungen
und Zusätze, welche seit dem Dukat des Jakob Tiepolo
(1229—1249) zu den fünf ersten Büchern gemacht worden
waren. [1] Davon enthalten 20 Kapitel die Gesetze, welche
unter Andreas Dandolo's Regierung erlassen wurden, auf
welche im Einzelnen einzugehen hier nicht der Platz ist. [2]
Mit der Sammlung des Materials und der Zusammenstel-
lung dieses sechsten Buches, wurden fünf Prokuratoren von
San Marco beauftragt, deren Arbeit vom Dogen selbst geprüft und, nachdem sie von den verschiedenen Rathskol-
legien gebilligt worden, in öffentlicher Versammlung am
26. November 1346 verkündigt wurde. Von Andreas Dandolo selbst rührt wohl die Vorrede her, sie verräth wenigstens ganz seinen Stil und trägt ganz das Gepräge seines
Geistes.

Andreas Dandolo hat aber selbst in früherer Zeit noch
eine andere Sammlung von Gesetzen angelegt, deren Lorenzo de Monacis in seiner Chronik gedenkt. Er sagt,
unser Doge habe, als er noch Prokurator von San Marco
gewesen, alle die vom grossen Rath gefassten Beschlüsse,
welche, ohne in feierlicher Volksversammlung gebilligt zu

---

1) Dieselben vertheilen sich (Druck von 1528) so:
zu lib. I 20 cap. (darunter 6 von Andr. Dand.)
,, lib. II 4 cap. (darunter 2)
,, lib. III 19 cap. (nicht 20 wie Romanin l. c. p. 174 fälschlich angibt; hier 2 von Andr. Dand.)
,, lib. IV u. V 14 cap. (hier 7)
,, den Gesetzen über die Richterkollegien 10 cap.
,, den Seegesetzen 9 cap. (davon 1 unter Andr. Dand.)
,, den Kriminalgesetzen 7 cap. (nicht 6! hier ebenfalls 1 aus der
Zeit Andr. Dand's.)
Das letzte (84.) Kapitel überlässt für die nächsten zwei Jahre eine
eventuelle Revision dem grossen Rath.
2. Siehe Lobret l. c. pag. 53—57.

sein, Gesetzeskraft erlangten, in einem kleinen Bande zusammengestellt. Von dieser Sammlung habe ich einen
Codex im Kloster von Monte Casino [1]) gesehen (Nr. 459
gross 8⁰ membr.), der laut Nachschrift von dem frater
Bernardus de Juanis de diuiasco (?), episcopus Balacensis und
Generalvikar von Coron [2]) auf Ersuchen des Kanzlers von
Coron, «Ricardus de Glemona» (sic! Gemona bei Udine?)
geschrieben und am 2. Juli 1434 beendet wurde. Die Vorrede, die namentlich in ihrem letzten Theil von Bedeutung
ist (cf. unten p. 41), lautet vollständig so:

Cum leges et sacra statuta Veneciarum per os prin-
cipis dici possint fore diuinitus promulgate, appetitus noxios
sub iuris regula limitantes, per quos (sic! quas?) genus
humanum, vt honeste uiuat et alterum non ledat, at ius
suum unicuique tribuat informatur: ob hoc diuersas partes [3])
et in diuersis temporibus in Maiori Veneciarum Consilio
captas, que deficientibus statutis uicem ipsorum habere
noscuntur, regulantes iudiciorum ordinem contractus et te-
stamenta, in pluribus uoluminibus segregatim possita (sic!
positas) proposui Ego Andreas Dandulo, procu-
rator Ecclesie sancti Marci, in vnam sumulam colligere ipsas sub debitis libris et congruis titulis ac capitulis
reducendo, cum eorum tanta sit auctoritas, ut statutis etiam
addictiones (i. e. additiones) et declarationes faciant et omnem
approbatam consuetudinem interrumpat (sic! non interrum-
pant?), a quarum obseruancia pretextu ignorantie nullus se
ualeat excusare. Principium progressum et consumationem operis a Dei auxilio expetens, sine quo

---

1) Die bekannte Gastfreundschaft ward auch mir daselbst während
eines leider allzu kurzen Aufenthaltes zu Theil.

2) cf. Gams: Series Episcop. etc. (Regensburg 1873) p. 398 «Ep.
Balleacenses (incerti situs. Ballezensis, Balleacensis)» «1428 Bernard.
Martin. de Vivariis O. S. Fr. 1432, 1438 non resedit»
cf. Farlati-Coleti: Illyr. sacrum t. VII, p. 206—209.

3) term. techn.

nichil bene et competenter geritur, si ipsius rei principium
non fiat decens et amabille sibi.

Ob und in wie weit etwa diese «sumula» eine Vor-
studie zu dem sechsten Buche der Statuta ist, bleibt noch
zu untersuchen; der erste «titulus» lautet: «de Judiciis et
Arbitris et qualiter iudex dari debeat per quos iudicium
fieri debeat». —

Palacky erzählt [1]) von Karl IV, dass «Urkunden über
ihn grosse Gewalt hatten und dass er wohl auch der erste
Fürst des neueren Europa gewesen sein dürfte, der einen
eigenen Konservator derselben, einen geheimen Archivar,
an seinem Hofe anstellte.» Auf diesem Gebiete aber wird
er von Andreas Dandolo, dem Schöpfer eines Liber Albus
und eines Liber Blancus, weit übertroffen. Und wenn an
dem Kaiser die «Ordnungsliebe» besonders hervorgehoben
wird; [2]) was war es anderes, als gerade dieselbe rühmliche
Eigenschaft, die in unserem Dogen — wie seine eigenen
schönen Worte in der von ihm verfassten Vorrede zeigen
— das Verlangen nach einer systematischen Ordnung der
Verträge des venetianischen Staates, nach der Anlage jener
grossen Urkundenbücher wach rief? Welch' hohen Werth
dieselben für die venetianische Geschichte nicht blos, sondern auch für die deutsche und allgemeine haben, ist von
Anderen bereits gewürdigt worden. Schon ein Blick auf
die von Tafel und Thomas mitgetheilten Indices belehrt
über das reiche Material, das hier aufgespeichert ist, und
von dem nur zu wünschen wäre, dass es bald seinem ganzen
Umfange nach veröffentlicht würde. Die Abfassung des
Liber Albus, der bekanntermassen die Verträge mit den
östlichen, orientalischen Staaten, und des Liber Blancus,
der die mit den italischen enthält, fällt übrigens nicht
in das Jahr 1344, wie Tafel und Thomas [3]) angeben, sondern

1) Gesch. von Böhmen Bd. II. Abth. 2. pag. 413.
2) ibidem.
3) l. c. p. 23.

erst «nach der Sammlung des sechsten Buches der Statuta»[1]), also erst nach dem Jahr 1346. Wie Andreas Dandolo dies urkundliche Material in seinen Annalen verwerthet hat, davon wird unten die Rede sein.

Wir wenden uns nun zu den eigentlichen Geschichtswerken unseres Dogen zurück, an welche sich eine Menge kritischer Fragen knüpfen, deren Lösung leider nicht immer möglich ist. Wir begegnen vor Allem verschiedenen Nachrichten über die Zahl dieser Werke. Während von einigen Schriftstellern deren z w e i erwähnt werden, wissen andere — bis in die neueste Zeit herab — deren d r e i zu nennen, ohne jedoch über das dritte Werk übereinzustimmen. So gedenkt Raffaele Caresini, der Andreas Dandolo zeitlich am nächsten stand, nur zweier Chroniken: [2])

«duas memorabilium rerum temporibus suorum predecessorum gestarum chronicas, unam videlicet seriose et per extensum, alteram breviloquiam eleganti stilo conscripsit».

Marino Sanudo der Jüngere bezeichnet als Werke unseres Dogen: eine lateinische Chronik, ein Werk, genannt Mare Magnum, von dem Ursprung der Adelsfamilien Venedigs und «das lateinische Compendium von Venedig». [3]) (Compose una Cronica Latina, un Opera chiamata «Mare Magnum dell' origine delle Nobili Famiglie di Venezia, la quale pare che sia nel Consiglio de' Dieci, e il Compendio Latino di Venezia.) Aehnlich sagt Marco Barbaro: «Scrisse delle Nobili Famiglie Venete e le Historie fin al suo tempo.» — In der Vorrede zur Ausgabe der officiellen Geschichtschreiber Venedigs [4]) heisst es, Andreas Dandolo habe drei verschie-

---

1) ibidem p. 25 «post compilationem sexti libri Statutorum nostrorum»

2) Muratori l. c. tom. XII col. 417 AB.

3 Muratori l. c. tom. XXII col. 627 E.

4 Istorici delle cose Veneziane i quali hanno scritto per Publico Decreto (a. 1718) tom. I p. V ff.

dene Werke verfasst, von welchen das grösste vielleicht
verloren sei. Eben diesem habe er den Titel «mare magnum
historiarum» gegeben und hierin habe er nicht nur das erzählt, was zur Geschichte Venedigs gehörte, sondern auch
alles das, was sonst noch seit Erschaffung der Welt bis
auf seine Zeiten besonders Merkwürdiges sich zugetragen
hatte. Von dieser allgemeinen Weltgeschichte habe er dann
abgezweigt Annalen und eine Chronik. Die ersteren habe
er mit dem vierten Buch begonnen, weil die drei ersten
Bücher des «Mare Magnum» nichts von Venedig enthielten,
die Chronik aber sei nicht so umfangreich als die Annalen,
aber meist aus ihnen entnommen. (La terza opera del
Doge Dandolo meno ampia de i suddetti Annali, ma perlo
più trascritta da essi, si è Chronica Venetorum.)

Welcher Widerspruch in diesen Nachrichten! Den einen
zufolge hatte jenes «Mare Magnum» zum Gegenstand den
Ursprung der venetianischen Adelsfamilien, nach den anderen war es eine umfassende Weltchronik! Auch Foscarini
handelt in seiner Literaturgeschichte (p. 139—144) von diesem «Mare Magnum» und die erste Ansicht (die Marino
Sanudo's) ohne Weiteres verwerfend bekämpft er auch die
zweite, kommt dann aber doch zu dem Schlusse, dass der
genannte Titel entweder ganz unbegründet oder den Annalen
beigelegt gewesen sei, als sie noch vollständig waren, das
heisst als sie noch die drei ersten Bücher hatten, welche
jetzt zu fehlen schienen. (Bei Muratori und in den meisten
Handschriften beginnen sie ja mit dem vierten Buche.)
Nur meint Foscarini im Gegensatz zu dem Herausgeber
der «officiellen Geschichtschreiber», dass nicht Andreas
Dandolo selbst die Annalen von dem grösseren «Mare
Magnum» abgezweigt habe, sondern dass die Abschreiber
die drei ersten Bücher des «Mare Magnum» weggelassen
hätten, weil sie wenig oder gar Nichts von Venedig enthaltend im Publikum nicht beachtet worden seien! In der
That wäre es auch sonderbar, wenn ein Autor zwei so

wesentlich gleichartige Werke schriebe, deren ganzer Unterschied darin bestände, dass dem einen der Kopf des anderen fehlte. Aber Foscarini's Erklärung des «Mare Magnum» scheint mir dennoch gezwungen. Dazu kommt, dass wir gar kein positives Zeugniss haben, dass unser Autor wirklich die drei ersten Bücher geschrieben hat; auch zeigt eine alte Handschrift der Annalen Spuren einer a n d e r e n Eintheilung, worauf ich sogleich zurückkommen werde. Ferner ist es fraglich, ob das Zeugniss Marino Sanudo's, wenn er auch das Mare Magnum nicht selbst gesehen zu haben scheint, denn doch so unbedingt zu verwerfen sei, wie Foscarini es thut. Ja, dieser gedenkt sogar selbst eines derartigen Verzeichnisses der Geschlechter aus der Zeit unseres Dogen. Er führt (p. 147 n. 1) eine italienische Uebersetzung der Chronik des mehrerwähnten Caresini an, welcher vorangehe «un catalogo delle Casade d' i Nobili da Venesia in 1332 notadi qui sotto per alfabeto.» Caresini's Chronik schliesst sich in den Handschriften oft der Chronik Dandolo's an; denkbar, dass ein Abschreiber diesen Katalog aus einer Handschrift des Dandolo entnommen habe. Ueberdies heisst es in einem Münchener Codex, der nach Tafel und Thomas die sogenannte kleine Chronik Dandolo's enthält 1): »zuletzt aber werde ich von dem Ursprung und dem Wachsthum der vornehmen Geschlechter Venedigs sub compendio sprechen.« Die Möglichkeit der Existenz eines solchen «Mare Magnum» aus Dandolo's Feder scheint mir daher keineswegs ausgeschlossen zu sein; möglich freilich auch, dass ein Irrthum vorliegt. Ich war leider nicht im Stande, hierüber weitere Untersuchungen anzustellen; dies aber muss ich gleich hier bemerken, dass ich in den Handschriften der Annalen die Bezeichnung «Mare Magnum» nicht gefunden habe. 2)

---

1 l. c. pag. 14. cf. unten pag. 43 ff.

2) Wenn Foscarini p. 142 n. 1 als Analogon zu diesem Titel die Ueberschrift «Chronologia magna» des Codex No. 399 der Marciana

So blieben abgesehen von dem «Mare Magnum» noch zwei Geschichtswerke Andreas Dandolo's: die Annalen und eine kleinere Chronik? Dem scheint Romanin zu widersprechen, welcher sagt [1]), Dandolo habe aus seiner ersten grösseren Chronik eine compendiösere ausgezogen und beide mit dem Jahre 1342 geendet; eine andere dritte, welche nicht blos die Ereignisse der venetianischen Geschichte, sondern auch der allgemeinen seit Erschaffung der Welt umfasste, habe er bis zum Jahre 1280 geführt und dies sei die von Muratori veröffentlichte (also die Annalen). Für die erste citirt Romanin den Codex No. IX, cl. x lat. der Marciana und für die zweite No. CCXCVI cl. x lat. derselben Bibliothek. Entweder hat sich Romanin in der Angabe der Nummer geirrt oder sich sonst getäuscht. Ich habe in dem Codex No. IX gefunden: zuerst die Annalen (mit der Fortsetzung aus der kleinen Chronik) und dann dieselbe kleine Chronik, die in No. CCXCVI steht, so dass auch diese drei Chroniken sich auf zwei reduciren: Annalen und kleine Chronik!

Betrachten wir zuerst die Annalen und zwar, eine Charakteristik derselben auf den dritten Abschnitt versparend, zunächst ihre mehr äusserliche Seite sowie die Gestalt, in der sie uns überliefert sind. Sie sind, wie schon erwähnt wurde und allgemein bekannt ist, zum ersten Male herausgegeben worden von Muratori (im Jahre 1728) im 12. Bande der Scriptores Rer. Italic. pag. 14—398. Was dann pag. 399—416 noch folgt als «Tomus Secundus» (sc. Chronicorum Serenissimi Andreae Danduli Ducis Veneciarum) ist nicht mehr zu den in Rede stehenden Annalen zu rechnen, sondern, wie auch Muratori in der Einleitung richtig angibt, Zusatz aus der kleinen Chronik

anführt, so kann ich auf das Bestimmteste versichern, dass dieselbe von ganz später Hand zugesetzt ist. Der Codex enthält die 2. Redaktion des Werkes des frater Paulinus.

[1]) l. c. tom. III pag. 173.

Dandolo's. Die Annalen schliessen demnach mit dem Tode des Dogen Jakob Contarini's (1280) vor der Erhebung Johannes Dandolo's; sie beginnen bei Muratori mit der Erzählung des Pontifikats des Evangelisten Markus in Aquileja und zwar als liber quartus, dem sechs weitere Bücher (bis zum liber decimus) nachfolgen. Diese libri sind getheilt in capitula und diese in partes. Auf diese partes ist der Stoff vertheilt, nicht immer ganz streng annalistisch, indem bisweilen durch ein «hoc tempore», ein «interea», ein «his diebus» oder ähnliche Ausdrücke die Zeit nicht genau angegeben ist; die Verbindung der venetianischen mit der allgemeinen Geschichte ist meistentheils durchgeführt, sie erschwert naturgemäss die Uebersicht über die venetianische Geschichte selbst, welche der Hauptgegenstand der Annalen ist. Dass diese Annalen von Andreas Dandolo verfasst sind und zwar in der Zeit, wo er bereits Doge war, dafür lassen sich zwei Stellen: col. 237 B und col. 252 B. anführen. An der ersten Stelle ist die Rede von der Translation des heiligen Tharasius nach Venedig. Es wird da berichtet, dass dessen Körper auf einem Schiffe übergeführt wurde, dessen «Herr und Gebieter der edle, demüthige Dominicus Dandolo war, von welchem abstammend (heisst es wörtlich) zwei Dogen, nämlich Heinrich Dandolo und wir, Andreas, der wir reden, ihren Ursprung genommen haben.» [1]) Das entscheidende Wort «Andreas freilich fehlt in der ältesten uns bekannten Handschrift (cf. unten) und in einigen anderen; doch wird man die Ergänzung als richtig bezeichnen müssen. Auffallend kann allerdings scheinen, dass der beiden anderen, oben erwähnten Dogen aus dem Hause Dandolo, des Johannes und des Franciscus, hier keine Erwähnung geschieht; dies um so mehr, wenn der Stammbaum richtig ist, den ich

---

1 l. c. a quo degradando duo Duces, videlicet Henricus Dandulo, et nos Andreas, qui loquimur originem duximus.

mir aus handschriftlichen genealogischen Verzeichnissen in Venedig (im Museo Civico Correr) zusammengestellt habe und den ich unten beifügen will.

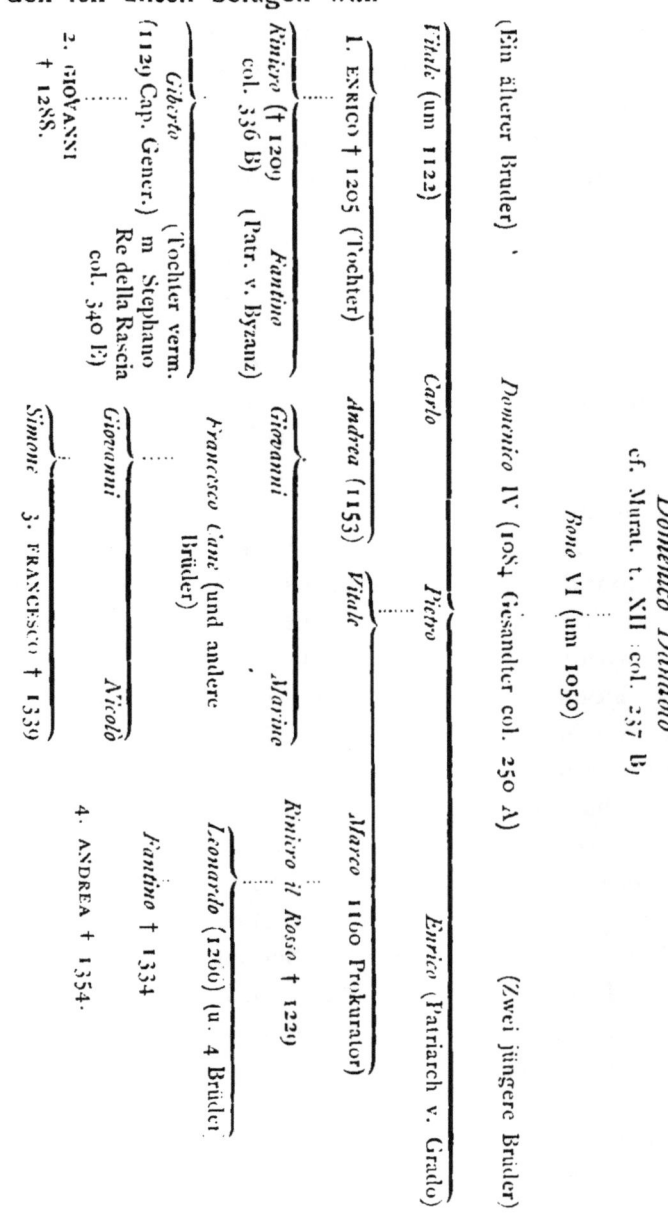

Denn nach demselben hätten auch die beiden anderen Dogen derselben Familie denselben Stammvater gehabt. Gezwungen wäre die Annahme, dass Andreas Dandolo an jener Stelle nichts Anderes habe sagen wollen, als dass die zwei Hauptlinien der Familie Dandolo, welche Venedig Dogen gegeben, in jenem Dominicus ihren gemeinsamen Ahnen erblickten; wahrscheinlicher ist, dass in jenen Verzeichnissen ein Irrthum sich eingeschlichen hat. Franciscus Dandolo hat überdies ein anderes Wappen geführt als Heinrich und Andreas Dandolo[1]).

Noch sicherer spricht für die Autorschaft des Andreas Dandolo die zweite Stelle, an welcher die Auffindung des verloren geglaubten Evangelisten Markus im Jahre 1094 erzählt wird. Nach diesem wunderbaren Ereigniss nämlich wurde der Evangelist an einem verborgenen Ort in der Markuskirche beigesetzt, welchen nur der Doge, der Primicerius und der Prokurator von San Marco wissen durften. «Aber deshalb» — so die Worte der bezeichneten Stelle — «möge der Glaube der Unwissenden nicht wanken; denn **ich, der ich zuerst das Amt eines Prokurators geführt habe und nun Doge geworden bin**, kann mit den Worten des Johannes sagen: (cap. 29) etc.[2]) ...» Eines deutlicheren Beweises bedarf es wohl nicht.

Für seine Ausgabe benützte Muratori, wie er in der Vorrede auseinandersetzt, folgende Handschriften: zwei Codices der estensischen Bibliothek in Modena, welche

---

1) Nur um dem etwaigen Vorwurf der Unvollständigkeit zu begegnen, will ich bemerken, dass ein etwaiger Gedanke, J o h a n n e s Dandolo, vor dessen Dukat ja auch die Annalen aufhören, könne vielleicht der Verfasser derselben sein, schon dadurch widerlegt wird, dass darin Quellen benutzt sind, die erst nach Joh. Dandolo entstanden sind — abgesehen davon, dass von einer schriftstellerischen Thätigkeit dieses Dogen fast nichts verlautet, und derselbe nicht Prokurator war

2) nec propterea nescientium fides vacillet, cum e g o q u i l o q u o r, primo P r o c u r a t o r i s g e r e n s officium, nunc Christi gratia D u x e f f e c t u s, possim dicere verba Joannis Capitulo XIX etc.

den Haupttext der Ausgabe bilden, aber voll Fehler sind;
und die Abschrift eines Codex der Ambrosiana in Mailand,
welche ihm der Bibliothekar derselben Jos. Ant. Saxius
zugesandt hatte. Die zahlreichen Varianten und Zusätze
dieses Codex Ambrosianus theilte Muratori in den Anmerkungen mit und sie enthalten oft gerade die richtigere
Lesart. Der genannte Cod. Ambros. rührt von einem gewissen Pinelli her[1]), der am Ende des 16. Jahrhunderts
lebend während eines vierzigjährigen Aufenthaltes in Padua
und in regem Verkehr mit hervorragenden Venetianern
sich viel mit der venetianischen Geschichte beschäftigte und
eine grosse Sammlung hierauf sich beziehender Schriften an-
legte. Bei der Abfassung jenes Codex des Dandolo nun aber
hat er sich einen bedenklichen Fehler zu Schulden kommen
lassen, den Foscarini bereits gerügt hat. Pinelli hat nämlich dieser seiner neuen Handschrift als Haupttext nicht
die Annalen zu Grunde gelegt, sondern die kleine Chronik
des Andreas Dandolo (nach einem Codex des Niccolò Zeno,
wie er selbst gelegentlich angibt); und dann hat er nicht
blos alles das, was die Annalen an und für sich mehr
enthalten, sondern auch alle die zahlreichen Anmerkungen
und Zusätze Anderer, welche sich in verschiedenen Handschriften der Annalen fanden, wohl auch Manches aus
seinem eigenen, reichen Schatz von Gelehrsamkeit — all'
dies hat er theils am Rande seiner Handschrift, theils in
zwischengelegten Blättern beigefügt. So ist dieser Codex
Ambrosianus wohl ein Beweis seines grossen Sammelfleisses,
im Uebrigen aber eine ungeheure Kompilation, aus welcher
man allerdings manche schätzenswerthe Nachricht zur
venetianischen Geschichte wird gewinnen können — aber
schwerlich einen reinen Text der Annalen unseres Autors.
Hiefür müssen wir uns nach anderen Handschriften um-
sehen.

---

[1]) cf. Foscarini l. c. pag. 145.

Pinelli nennt in einer von Foscarini mitgetheilten [1]) handschriftlichen Notiz zwei Codices, die er für die Annalen benutzt habe; nämlich einen, der dem Patrizier Marcantonio Michele gehörte und von demselben mit vielen Anmerkungen versehen ward, und einen anderen des Jacobo Contarini. Dieser letztere nun scheint uns in einem Codex der Marciana (No. 400 des Zanettischen Katalogs) noch erhalten zu sein. Wenn ich sage «scheint», so hat dies seinen Grund darin, dass Pinelli a. a. O. sagt, er habe auch das Supplement zu den Annalen (von 1280 — 1342) aus dem Codex des Jacobo Contarini entnommen — und dieses Supplement fehlt in dem genannten Codex No. 400. Dass aber derselbe im Besitze der Familie Contarini war, geht aus einer Notiz auf dem ersten Blatte hervor, wo es heisst, dass derselbe dem «Ambrogio Contarini» gehörte. Foscarini rühmt ihn als den ältesten von allen; ich stehe nicht an, ihn von allen den Codices, die ich bisher gesehen, auch für den weitaus besten zu erklären, und muss ihm deshalb eine eingehendere Besprechung widmen.

Derselbe, cod. chartac. in gross 4⁰, gehört dem Charakter der Schrift nach wohl noch dem 14. Jahrhundert an, wie auch Pertz im Archiv für ält. d. Gesch. Bd. IV p. 142 bestätigt, während Valentinelli [2]) ihn in's 15. Jahrh. setzt. Sicher würde er aber dann in den Anfang des 15. Jahrh. gehören, denn auf der ersten Seite des Textes steht am Rande die später zugesetzte Bemerkung, dass das Evangelienbuch des heiligen Markus im Jahre 1420 nach Venedig gebracht und in der Markuskirche niedergelegt worden sei (durante domino Thoma Mocenigo duce Venetiarum). Ich bin jedoch sehr geneigt, den Codex noch in die Zeit Andreas Dandolo's selbst hinaufzurücken.

Der Text beginnt mit der Erzählung des Pontifikats

---

1) l. c. pag. 146 n. 1.
2) Bibl. manuscr. ad S. Marci Venetiarum tom. VI pag. 151 ff.

des h. Markus (wie bei Muratori) und schliesst mit dem
Tod des Dogen Jakob Contarini. Foscarini betont, dass
auch dieser alte Codex mit dem vierten Buch beginne,
also gewissermassen unvollständig sei. In der That fol. 3
steht über dem Text: «Incipit liber quartus etc. Cap.
primum etc.» und auf dem vorhergehenden Blatt beginnt
das Inhaltsverzeichniss dieses Buches mit den Worten:
«Incipiunt capitula libri IIII habentis cap. XIIII» und so
ist es entsprechend bei jedem Buche. Aber mir scheinen
sowohl jene Ueberschriften als auch die Indices erst später
eingetragen, wie es wohl sicher die «partes» sind, welche
gar nicht im Text selbst stehen, sondern zwischen den
Zeilen über den betreffenden Worten zugesetzt sind. Auch
fehlen einige Kapitelüberschriften im Texte ganz. Für meine
Ansicht dürfte ferner sprechen, dass in dem Inhaltsverzeichniss zu Buch VI (fol. 39) von dem letzten, dem 12. Kapitel,
die partes 3—12 noch in drei Columnen unten (fol. 39b)
angefügt sind — augenscheinlich aus Mangel an Raum;
denn auf der nächsten Seite (fol. 40a) beginnt schon der
Text. Und endlich ist noch darauf hinzuweisen, dass
fol. 126b am Schluss von Buch IX von alter Hand die
Worte stehen: «Incipit liber VI⁹ principium habens a primo
duce per electionem creato», dass aber in dem auf fol. 128a
(von anderer Hand) folgenden Index wieder «liber decimus» genannt wird. In zwei Codices der Vatikana
aus dem 15. Jahrh., welche mit dem vorliegenden wesentlich
übereinstimmen und wahrscheinlich von demselben ab-
stämmen, finden sich an der nämlichen Stelle die gleichen
Worte und dort führt schon der vorangeschickte Index
dieses (bei Muratori) «10.» Buch als 6. Buch auf.

Wie kommt nun aber plötzlich dieses «6. Buch» herein?
Liegt hier ein Fehler des Schreibers vor oder der Rest
einer anderen Eintheilung des ganzen Werkes? Hat der
Schreiber irrthümlicher Weise liber VI⁹ geschrieben statt
liber X⁹? Eher wäre wohl anzunehmen, dass er vielleicht

liber VII⁹ schreiben wollte, indem er das erste Buch, das
bei Muratori das vierte genannt ist, wirklich mit liber I⁹
bezeichnete und so weiter zählte. Andrerseits muss ich
hier wiederholen, was ich schon oben betonte, dass wir
kein Zeugniss dafür haben, ob Dandolo wirklich vor jenem
«vierten» Buch drei andere verfasst habe. [1]) Schmerzlichst
vermissen wir eine Einleitung, eine Vorrede zu den Annalen
von Dandolo's Hand, wie wir sie in seinen anderen Werken
treffen. Sollte vielleicht das Schreiben des Kanzlers Benitendi vom 5. December 1352 dafür gelten, das Muratori
veröffentlicht hat? Es sollte ja «zur Empfehlung der Chronik
Andreas Dandolo's» dienen (in commendationem Chronicarum
per Illustrissimum Dominum Andream Dandalum Inclytum
Veneciarum Ducem editarum); es bewegt sich in dem ersten
Theil in einem Kreis ähnlicher Gedanken, wie Dandolo's
andere Vorreden. Völligen Aufschluss namentlich über die
Grenzen der Annalen Dandolo's gibt das Schreiben uns
nicht. Nur eine Stelle könnte hiefür in Betracht kommen,
wo Benitendi sagt, Dandolo habe die Kriege u. s. w. beschrieben seit dem Ursprung dieser Stadt d. h.
Venedigs. [2]) «Seit dem Ursprung Venedigs» — was ist
unter diesen Worten verstanden? Ist hier die angebliche
Gründung des neuen Venedigs im Jahre 421 gemeint? Sie
wird in dem Anfang des jetzigen «5.» Buches bei Muratori
(col. 69 B. ff.) erzählt. Sollte Dandolo seine Annalen in
einer früheren Fassung mit diesem Buche begonnen haben?
Nähmen wir dieses als das erste, dann allerdings wäre

---

1) Der bei Pertz, Archiv Bd. IV p. 154 citirte Codex Cl. X lat.
Nr. CLIII (der Marciana) enthält nicht lib. I, V, VI, VII, sondern
auch lib. IV etc.

2) Cujus (sc. Ducis) virtus nihil habens protinus inaccessum, do-
mestica simul et peregrina parans, ab origine Urbis hujus magna
lucubratione descripsit, quaecumque foris bella, domi seditiones gesserint;
quique mores fuerint, et quae vita, per quos viros, quibusque artibus
Civitatis imperium auctum sit.

das jetzige «10.» Buch das «6.» und jene Notiz begründet.
Vielleicht fügte dann später Dandolo noch ein
weiteres Buch am Anfang hinzu und hatte wirklich im Sinne noch drei weitere zu schreiben
und änderte demgemäss die Eintheilung. Eine
befriedigende Lösung sehe ich hier nicht [1]); nachahmens-
werth aber vielleicht ist das Beispiel Marino Sanudo's des
Jüngeren, der in seiner Chronik (l. c. 496 A) bei dem
Dukat des Peter Polani eine Stelle anführt «ex libro sexto
Chronicae Serenissimi domini Andreae Dandulo«, das dem
jetzigen «9.» Buch entspricht, um diese Eintheilung also
sich gar nicht kümmert, vielleicht sie gar nicht gekannt hat.

Besonders wichtig ist weiter an unserem Codex, dass
in demselben allenthalben Zusätze und Korrekturen
sich finden. Hier aber ist zu unterscheiden. Einige Zusätze sind der Schrift nach allerdings wenig vom Haupttext verschieden, müssen aber doch von einer späteren
Hand gemacht sein, weil sie in anderen Handschriften fehlen.
So steht die ganze pars XV (lib. VIII cap. I. Murat. col. 163 E),
die in so verkehrter Weise den Gregor von Tours (Gre-
gorius Turonensis) als Zeugen für das Metropolitanrecht
der Kirche von Grado über Istrien zur Zeit Karl's des
Grossen anführt, — in unserem Codex am Rande; in
anderen Handschriften fehlt sie ganz, wieder in anderen
ist sie in den Text übergegangen. — Dasselbe ist der
Fall mit der Notiz (Murat. col. 285 B), dass im Jahre 1151
das »Castrum Hostiliae« von den Veronesen errichtet worden
sei; und diese Randbemerkung wird namentlich dadurch

---

1) Wo möglich noch schwieriger ist eine Erklärung dafür, dass in
demselben Codex No. 400 in dem Index zu lib. VIIII (das bei Muratori
15 Kapitel hat) nach dem 3. Kap. ganz plötzlich aufgeführt wird:
«Capitulum 34 de urso ursiolo patriarcha» und so weiter bis «Cap. 45
de vitale michaele II^u duce»; und die nämlichen Kapitelzahlen folgen
dann auch im Text. Rechnet man die Kapitel der beiden vorausgehenden Bücher zusammen, so müsste an jener Stelle «Cap. 35» stehen.

als späterer Zusatz von anderer Hand bestätigt, dass später
(fol. 149 a = col. 346 A bei Murat.) über dasselbe Castell
noch bemerkt wird, es sei 1245 zerstört und erst 1297
wieder hergestellt worden — Angaben, die auch bei Muratori
fehlen. [1]) — Ebenso ist die Notiz (Murat. col. 360 D), dass
die Ragusiner nach einem Aufstand dem Dogen sich wieder
unterworfen hätten, in unserem Codex (den wir fortan M₁
nennen wollen) eine Randbemerkung, die in anderen Handschriften fehlt.

Anders verhält es sich mit einer grossen Reihe von
Randbemerkungen, die, wie sich bei näherem Zusehen ergibt, nur Versetzungen und Aenderungen einzelner
Stellen des Haupttextes selbst sind und meiner Ansicht
nach nicht etwa auf die Willkühr eines Schreibers, sondern
auf Dandolo selbst zurückzuführen sind.

Bei Muratori (col. 321 AB) lib. X cap. III p. XXVII
wird erzählt, wie Heinrich Dandolo auf dem vierten Kreuz-
zug das rebellische Jadra bezwang und dort überwinterte.
Die Bürger aber, heisst es dann noch, verliessen die Stadt:

»Cives itaque (M₁ utique) Jadrae Ducis gratiam
non mereri formidantes et de Regio favore confisi,
ex Urbe exiverunt.«

Nach diesen Worten (die in M₁ auf radirtem Grund
stehen) folgt bei Muratori in pars XXVIII die Erzählung
von der Ankunft des bekannten byzantinischen Thron-
prätendenten Alexius, von dessen Hülfegesuch bei den
Kreuzfahrern und von den mit diesen getroffenen Verab-

1) Die Richtigkeit dieser Nachrichten übrigens erhellt aus den Ann.
Veronenses (Pertz Mon. Germ. SS. t. XIX p. 3)
ad a. 1151: hedificatum fuit castrum Hostiliae a Veronensibus.
und aus den Ann. Mantuani (ibid. p. 22 u. 31),
ad a. 1244: Captum fuit castrum Hostilie die 14. Januarii — — et
destruxerunt castrum penitus.
ad a. 1207: tempore dicti domini Lapi qui fuit potestas, relevatum
fuit castrum Hostilie per Veronenses.

redungen, in unserem Cod. M₁ aber ein längerer Passus von der Unterwerfung der Jadratiner und den ihnen gestellten Bedingungen. Dieser ganze Passus aber ist hier an dieser Stelle durchstrichen und etwas weiter unten am Rand wieder zugesetzt — nun aber in der Fassung, in welcher er jetzt bei Muratori in p. XXIX steht, das heisst: vermehrt durch den Bericht über die der Unterwerfung noch vorhergehenden Kämpfe zwischen den Venetianern und Jadratinern. Zur besseren Uebersicht diene folgende Nebeneinanderstellung.

M₁ im Text durchstrichen.

— — et obsides et cantantionem laudum perpetuo exibere et comitem de Veneciis eligere et archiepiscopum qui obedientiam et reuerentiam primati debitam Gradensi exibeat patriarche et erga Venetorum hostes insurgere et annuatim IIIᵘ pelium cunicularum tribuere. hec enim oblacio ortatu ducis iaderatinis legatis Venecias missis aprobata est.

M₁ am Rand und bei Muratori col. 321 Dff.

Jadrenses illico Patria exules Venetos navigantes non modicum infestabant. At Ducis natus, missis galeis et navibus, aedificaverunt quoddam Castellum in Insula Malconsejo ante Jadram, ubi plurima considens acies armatorum prohibebant Jadrensem (M₁. Jadrenses) Urbem ingredi, eos per mare undique insequentes Jadrenses tunc cum stipendio Regis acceptis X galeisCajetanorum(M₁.Gaiet.) praesidium Venetorum impugnant et obtinent, et in Urbem jam desolatam redeunt, et timentes stolum, quem Veneti denuo praeparaverant, per suos Nuntios gratiam implorant, et offerunt perpetuam fidelitatem, obsides, et cantantionem laudum exhibere, Comitemque de Venetis eligere et Archiepiscopum, qui reverentiam et obedientiam (M₁. ob. et rev.)

Prim deb. Grad. exhib. Patr.,
et erga hostes Venet. insurg.,
et annu. tria millia pell. cunic.
trib. Qua oblatione benigne
accepta (M1. acceptata) ad
gratiam restituti sunt.

Diese grössere Version ist aber — abgesehen von den
Friedensbedingungen — theils gekürzt, theils wörtlich entnommen aus der historia Salonitana des Thomas Archidiakonus [1]) (cap. 25). Dass Dandolo diesen Autor gekannt
und in den Annalen selbst benutzt hat, geht aus folgender
Stelle hervor: (col. 355 A. B.) lib. X cap. V. p. XXXVI,
wo mitten in der (aus Canale's Chronik entlehnten) Erzählung von der Unterwerfung des wiederum aufständischen
Jadra (1244) die Episode von der Verwundung des ungarischen Ban Dionysius ebenfalls aus Thomas Archidiakonus
(c. 43) entnommen ist. Erwäge ich ferner, wie — ganz
entsprechend dem sonstigen Verfahren Dandolo's — der
Name der Insel Malconsejo an obiger Stelle, der bei Thomas
Archid. fehlt, aus Canale (§ 38) [2]) herübergenommen und
in die Darstellung verwebt ist, so scheint mir nicht zweifelhaft, dass Dandolo selbst (wenn auch schwerlich eigen-
händig) die besprochene Aenderung gemacht hat.

In ähnlicher Weise sind aus diesem Thomas Archi-
diakonus noch andere Nachrichten zugesetzt, die in M1 am
Rande, in den anderen Handschriften aber im Texte stehen.
So [3]) lib. X cap. IV p. XXIX (col. 340 D E—341 A) die
verwandtschaftliche Verbindung, welche König Andreas von
Ungarn auf seinem Kreuzzuge mit Theodorus Laskaris
knüpfte; so (ibidem) die Erhebung Stephans, des «dominus
Raxiae et Serviae», der mit einer Enkelin Heinrich Dan-

---

[1]) ed. Lucius: De Regno Dalmatiae et Croatiae (Frankfurt 1666,
p. 333 u. 334.

[2]) cf. Archivio Storico Italiano t. VIII p. 322.

[3]) cf. Lucius l. c. (p. 336) cap. 26.

dolo's vermählt war [1]), zum König; so auch lib. IX cap.
XV p. XIX (col. 292 D E) die Unterwerfung von Dalmatien unter die Herrschaft des griechischen Kaisers Emanuel zur Zeit des Dogen Vitalis II Michael (1156 bis
1172). [2])

Lib. X cap. V p. XIII (col. 348 D) wird berichtet,
dass der Doge Jakob Tiepolo im sechsten Jahre seiner
Regierung den Dominikanern einen Ort in Venedig zur
Errichtung eines Klosters angewiesen habe, das er dann
zu seinem Begräbnissplatz bestimmte: «Anno sexto ex
laudatione publicae Concionis Dux Fratribus Praedicatoribus
terram aqua superlabente in confinibus Sanctae Mariae
Formosae et Sanctae Marinae, pro Monasterio construendo
concessit. Quo inchoato suam ibi sepulturam elegit.»

Dieser ganze Passus steht in M1 am Rande, weil er
— wenige Zeilen später im Texte ausgestrichen ist. An
dieser zweiten Stelle (sie entspricht col. 349 C nach den
Worten — Palatium renovavit) lautet die Nachricht so:
«Dux fratribus praedicatoribus apud ecclesiam sancti Mar-
tini degentibus capelam sanctorum iohannis et pauli cum
terra et aqua adherente laudante populo pro monasterio
construendo concessit quo inchoato Dux ibi suam sepulturam elegit».

Inhaltlich sind beide Stellen im Wesentlichen gleich,
— was also gab den Grund zur Aenderung? Wohl der
Umstand, dass an der zweiten, durchstrichenen Stelle die
Verleihung des Klosters unter dem siebenten Jahre des
Dogen (1235) erwähnt wird, während sie laut Urkunde
vom Juni 1234 [3]) wirklich in das sechste Jahr fällt.

Demnach wären uns in diesem Codex M1 gewisser-

1) cf. oben den Stammbaum. Diese Notiz fehlt bei Thomas, Dandolo wird sie wohl aus Familientraditionen geschöpft haben.

2. cf. Lucius l. c. (p. 330) cap. 22.

3. Romanin l. c. tom. II p. 217.

massen zwei (oder vielleicht noch mehrere?) Redaktionen
der Annalen Dandolo's erhalten, und hiefür scheinen mir
auch die kleineren Korrekturen zu sprechen, die an vielen
Stellen vorgenommen und öfters nur stilistischer Art sind.
Zum Beispiel diene ein Satz aus der translatio S. Stephani
Protomartyris (lib. IX cap. XI p. XI), den ich mit den
Veränderungen anführen will: (cf. col. 263 A) « — Sed
pacificato tumultu prelibatus prior, in quadam navi, multis
nobilibus sociata, nunc, Venetias redeunte, nominatum, thesaurum oneravit.» —

Die Stelle von dem Tod Peter Candiano's IV, die in
M1 jetzt so lautet: »Et instanter mucronum ictibus undique
illum vulnerantes anima (Murat. col. 211 E. vuln. taliter
percusserunt quod anima) corporeum reliquit ergastulum» —
hatte zuerst folgende Gestalt: «— anima corporis relicto
ergastulo superum petiit solium» im genaueren Anschluss
an die Quelle, an Johannes Diakonus. [1]) — Ein anderes Mal
ist der ursprüngliche Ausdruck «repatriati sunt» geändert
in «ad eorum patriam reversi sunt» und dergleichen mehr.

Bei einigen grösseren und wichtigeren Korrekturen in
Cod. M1 kann man zweifeln, ob sie von Dandolo selbst
herruhren.

In den Annalen wird der kleine Rath des Dogen,
der — entsprechend den sechs Abtheilungen der Stadt —
aus sechs Mitgliedern bestand, zum ersten Male unter der
Regierung des Aureus Mastropetro (1178 — 1192) genannt,
bei dessen Erhebung ein neuer Wahlmodus eingeführt wurde.
Bei Muratori lib. X cap. II p. I (col. 308 C) heisst es:
«— — qui (sc. Dux) ex consilio VI Civium de diversis
stirpibus de novo eligendorum, unius pro sexterio, Ducatus
regimen aequaliter exerceret — — » Diese Worte nun
sind im Texte von M1 ausgestrichen und fehlen n mehreren
Handschriften, während sie in andere, wie ja auch aus

1) Pertz Mon. Germ. SS. t. VII p. 25.

Muratori ersichtlich ist, unverändert übergegangen sind.
Von Späteren [1]) wird die Einsetzung dieses kleinen Rathes
schon in das Jahr 1172 verlegt: sollte vielleicht an unserer
Stelle eine andere Hand den Text des Dandolo absichtlich
geändert haben?

Ebenso steht an einem anderen Orte in M1 ein grösserer
Passus, der ausgestrichen ist und in allen Handschriften,
die ich bis jetzt gesehen, und auch bei Muratori fehlt. [2])
Es ist bekannt, dass König Roger I von Sicilien zur Zeit
des zweiten Kreuzzuges auf die Gebiete seines Gegners,
des griechischen Kaisers Emanuel, einen plötzlichen, un-
gestümen Angriff machte. Der Kaiser, heisst es nun in
Dandolo's Annalen bei Muratori (col. 282 D), vermochte
die Venetianer durch Ausdehnung der Handelsprivilegien
zur thätigen Hülfeleistung. «Emanuel — — Venetorum
subsidia petit et uberiorem Crusobolium solito obtulit.
Ob hoc Dux recepto Crusobolio etc.» Hier aber wird in
M1 erzählt, dass der damalige Patriarch von Grado, der
schon früher von uns genannte Heinrich Dandolo, sich
dieser Hülfeleistung ganz entschieden widersetzte, von dem
Dogen, Peter Polano, schliesslich mit seinem Anhang vertrieben wurde, und darauf hin die Unterstützung des Papstes,
Eugen III, nachsuchte, der den Bann über den Dogen und
das Land verhängte. Zwischen den Worten Ob hoc Dux
stehen da die jetzt durchstrichenen Worte:

(ob hoc) in concione colecta scisma exoritur, quia,
.dum dux requisicioni faueret, Henricus Dandulo patriarcha feruore fidei asseruit scismaticis contra fideles
ecclesie non fore sucurendum. dux aliter nequiens
obtinere patriarcham cum sua parentela et Baduariorum

---

1) cf. Murat. l. c. col. 298 Anmerk. aus den Randglossen des
Codex Ambrosianus.

2) cf. meinen Aufsatz: «Kurze Venetianer Annalen» (Neues Archiv
d. Ges. f. ält. deut. G. Band 1 Heft 2 p. 407 ff.).

progenie de Veneciis exulauit et eius patrimoniales domos de sancto Luca prosterni fecit. hic uiribus nequiens resistere papale petiit iuuamen. tunc Eugenius amonicione premisa ducem excomunicat ducatumque ecclesiastico subposuit interdicto. postea Dux . . .

Die Richtigkeit dieser Angaben, besonders der gegen den Patriarchen verhängten Massregeln und des darauf folgenden Bannfluches, aber wird bestätigt einmal durch die auch bei Muratori (col. 284 AB) erwähnte Aussöhnung zwischen dem Patriarchen und dem Nachfolger Peter Polano's, Dominicus Mauroceno, die ohne die vorausgehende Darlegung eigentlich in der Luft schwebt — und dann durch das ebenfalls schon erwähnte Schreiben des Kanzlers Benitendi vom 5. December 1352, aus welchem hervorgeht, dass die Opposition des Patriarchen gegen den Dogen ihren letzten Grund in der feindlichen Stellung beider Gewalten zu dem grossen Investiturstreit hatte, der somit seine Wogen auch nach Venedig geworfen hat. [1]

Von wem immer nun dieser Passus gestrichen sein mag: er bezeugt uns, glaube ich, recht deutlich den Werth dieser Handschrift, zu deren Gunsten auch dies noch angeführt werden mag, dass in ihr der bei Muratori (col. 304 C ff.) aus dem Cod. Ambros. mitgetheilte, an den Dogen Johannes Delfino gerichtete Brief aus dem Jahre 1359 über den venetianischen Frieden fehlt, der natürlich späteres Einschiebsel ist, da ja Andreas Dandolo bereits 1354 starb. — Die Zahl der besseren Lesarten endlich, welche M1 dem Muratorischen Text gegenüber bietet, ist — so zu sagen — Legion. Da ich natürlich hier nicht alle aufzählen kann, so greife ich nur einige heraus. Bei Murat. col. 173 E wird Ludwig der Fromme als der König genannt, zu dem der vertriebene Doge Johannes (Partecipazio 829—836) geflohen

---

1) cf. ibid.

sei. Die Stelle ist aus Johannes Diakonus, in dessen Chronik aber König Karl genannt wird, so dass der Herausgeber der Monumenta [1]) in einer Anmerkung auf diese Differenz ausdrücklich aufmerksam macht — in M_1 (und anderen Handschriften) steht ebenfalls: «a Karolo rege» statt «a Ludovico Pio Rege»;

col. 373 A ist statt «Lanfranco Laborico (genuesischer Admiral) mit M_1 zu lesen «Lanfranco Barborino», wodurch die Uebereinstimmung Dandolo's mit den anderen Quellen hergestellt wird und die Ergänzung in Canale (§ 205 und Anmerkung 232) sich als unrichtig erweist;

col. 393 D ist statt «sed Dominus Joannes de Monteforti» «Philippus de Montef.» zu lesen; ebenso col. 270 D statt «versus Zaris navigans» — «Laris». col. 238 E bei der Wiederauffindung der vermissten Leiber des Hermakoras und Fortunatus unter dem Dukat des Otto Orseolo (1009 — 1026) ist die Rede von einem «Monachus, antiqua fide probatus et moribus» — das «antiqua» ist zu ändern in den Namen «Aterunta», der aus der Chronik des frater Paulinus entnommen ist;

col. 274 C ist das «Crysobolium Veneticum» zu ändern in «Cr. pridem vetitum»;

col. 206 A steht in M_1 statt der Worte «post filii quidem creationem» in Uebereinstimmung mit der Quelle (Johannes Diakonus) «post filii quidem eiectionem, wodurch ein gut Theil der Kombinationen, die Gfrörer [2]) auf diese angebliche Differenz aufgebaut hat, hinfällig wird.

col. 280 A ist «Quartodecimo Ducis anno» zu ändern in «Tertiodecimo»;

col. 296 B «die XXVII Martii» in «Madii» (ebenso Cod. Ambros.);

---

1) SS. tom. VII pag. 17 not. 54.
2) Byzantinische Geschichten: Theil I Gesch. Venedigs u. s. w. (Graz 1872 herausgeg. von J. B. Weiss) p. 257 ff.

col. 366 A «Sequenti a n n o» in «Sequenti d i e» (Canale § 155. A l'endoumain).

Ueberdenken wir alle diese Einzelnheiten und fassen
wir unsere Untersuchung in einem Endurtheil zusammen,
so werden wir wohl mit Recht in dem Codex M₁ die Grundlage erblicken dürfen, welche Tafel und Thomas vermisst
und gewünscht haben; dieser Codex wird die G r u n d l a g e
j e d e r n e u e n A u s g a b e von Dandolo's Annalen bilden
müssen. —

Wenden wir uns nunmehr zu der k l e i n e n C h r o n i k
Andreas Dandolo's, die bisher noch nicht völlig veröffent-
licht worden ist [1]). Drei Chroniken gibt es, welche den
Anspruch erheben, dieses Werk unseres Dogen zu sein.
Muratori hat in der Einleitung aus dem einen der von ihm
benützten Codices Estenses Titel und Anfang einer kleinen
Chronik mitgetheilt, der so lautet: «Incipit Cronica per
Annos Domini divisa etc. C u m D e u s o m n i p o t e n s etc.
Maiorum tradit antiquitas etc.» Dann haben Tafel und
Thomas [2]) auf eine Handschrift der Münchner Hof- und
Staatsbibliothek hingewiesen, welche einen anderen Anfang
hat: «Incipit Cronica compilata etc. P r e d e c e s s o r u m
n o s t r o r u m a u c t o r i t a t e testante etc.» Endlich wird
(im Archiv. Stor. Italiano tom. V) aus der Handschriftensammlung Foscarini's eine «kleine» Chronik Dandolo's angeführt mit folgendem Anfang: «R e r u m g e s t a r u m s e-
r i e s brevi compendio scripturus sum quas exactis temporibus populus Venetus sub Marci Evangelistae protectione
mirabili incremento gessit». Bezeichnen wir diese drei
Recensionen der Reihe nach mit A, B, C und beginnen
wir mit der Besprechung von Recension C.

Dieselbe existirt in vielen Handschriften, welche jedoch
meist der späteren Zeit, dem 17. oder 18. Jahrhundert

1) Ueber den bei Muratori (l. c. col. 399 410) gedruckten letzten
Theil habe ich schon oben (p. 22) berichtet.

2) l. c. p. 8.

angehören. So folgende Codices der Marciana: Cl. X lat. Nr. 5, 6, 137, 154, 262, 277, 351 und Cl. VII Nr. 67; ebenso zwei Wiener Handschriften: Nr. 6206 und 12712; und ebenso ein Codex in der Handschriftensammlung Cicogna's (im Museo Civico Correr zu Venedig): Nr. 2598 [1]). Nur einen Codex aus dem 15. Jahrhundert habe ich gesehen: Cl. X lat. Nr. 257 (auf der Marciana). Diese Recension nun ist weiter nichts als ein Auszug aus den Annalen — in der Art, dass unter Hinweglassung der ausservenetianischen Nachrichten die auf die Geschichte Venedigs bezüglichen Stellen wörtlich — nur bisweilen etwas gekürzt — zusammengestellt sind, wohl nur der besseren Uebersicht halber. Dass diese ganz mechanische Kompilation nicht Dandolo's kleine Chronik sei, betont auch Cicogna in einer Anmerkung zu seinem Exemplar. Wäre sie es gleichwohl, so könnte sie doch füglich ausser Acht gelassen werden, weil sie eben nichts Anderes enthält als die Annalen.

Von der Recension A habe ich folgende Codices gesehen: auf der Marciana

1) Cl. X lat. Nr. 296 cod. membr. in 4⁰ sacc. XIV, aber voller Schreibfehler.

2) Cl. X lat. Nr. 9 cod. chartac. saec. XVIII mit vorausgehenden Annalen; ebenfalls sehr fehlerhaft.

3) Cl. X lat. Nr. 122 chartac. saec. XVIII, wie der vorige, zuerst die Annalen enthaltend; die kleine Chronik selbst endet fragmentarisch mit Peter Ziani. Endlich

4) Cl. VII ital. Nr. 319 chart. sacc. XV, der — in altitalienischer Uebersetzung — zuerst die drei ersten Bücher der Annalen und dann diese Recension der kleinen Chronik bringt; auch Foscarini (pag. 140 n. 1) gedenkt dieser Uebersetzung.

Einen ziemlich guten Codex 5) besitzt das Museo

---

1) cf. Archivio Veneto t. IV, Heft 2 p. 339.

Civico Correr (Nr. 432) in 4⁰ saec. XV aus dem Besitz
der Familie Dandolo selbst; auch hier gehen die Annalen
voraus. Ferner ist zu nennen 6) der Cod. Estensis
VI G 11 saec. XVI, der ebenfalls zuerst die drei ersten
Bücher der Annalen enthält; aus diesem — gleichfalls fehler-
haften — Codex hat wohl Muratori den Anfang dieser
kleinen Chronik mitgetheilt.

Schliesslich kommt noch in Betracht 7) ein Codex der
Barberinischen Bibliothek in Rom:

No. 3169 chart. saec. XVII, der, wie es in demselben
heisst, die Abschrift eines Codex der Bibliothek der Kö-
nigin Christine im Vatikan ist, den ich nicht gesehen.
Dieser Codex Barberinus unterscheidet sich von den anderen Handschriften dieser Recension durch eine grössere
Kürze; nicht als ob die an und für sich schon sehr knapp
und kurz gehaltenen Notizen hier noch mehr gekürzt wären,
sondern es fehlen mehrere Nachrichten, wie namentlich
die Bestätigungen der Privilegien Venedigs durch die Kaiser,
deren in den anderen Handschriften kurz Erwähnung ge-
schicht. Auch differirt dieser Codex in einigen anderen
Angaben.

Die Aufschrift dieser Recension A ist diese: «Incipit
chronica per annos Domini divisa, de urbe et tocius provinciae Venetiarum inicio, constitutione ducum ac laudabilibus operationibus sub ipsius gestis summarie faciens men-
tionem». Hierauf folgt eine kleinere Vorrede, [1]) aus welcher
ich zunächst die Worte hervorhebe, welche entschieden
für die Autorschaft Dandolo's sprechen « — — — Ob hoc
ego Andreas Dandulo proposui sub brevi compendio
Provinciae Venetiarum initium — — — summatim enarrare»

Für dieselbe mögen auch die Schlussworte angeführt
werden « — — unde principium progressum et con-
summationem (ein Theil der Handschr. hat conserua-

---

[1]) cf. Muratori l. c. und Romanin l. c. t. III pag. 173 n 4.

tionem) operis ex illius expecto auxilio etc.», welche
Worte genau übereinstimmen mit den oben aus der Handschrift des Monte Casino mitgetheilten (cf. p. 17).

In welchem Verhältniss, fragen wir, steht nun aber
diese Recension A zu den Annalen Dandolo's? Ist sie
früher entstanden als diese oder später? Eine Vergleichung beider Werke zeigt, dass das Erstere der Fall ist.
Auch diese Recension gibt zuerst — in fast wörtlichem
Anschluss an Johannes Diakonus — einen Ueberblick über
die ältere Geschichte Venedigs bis zur Wahl des ersten
Dogen. Diese selbst wird in A in das Jahr 705 gesetzt,
in den Annalen in das Jahr 697. Paulucius regiert in A
9 Jahre 1 Monat, in den Annalen 26 Jahre, 6 Monate,
8 Tage. Diese gewiss schon erheblichen Differenzen setzen
sich in der Fixirung der folgenden Dogen fort: Marcellus
regiert in A von 714—721, in den Annalen von 717—726
u. s. w. In Folge dessen wird der Beistand, den die Venetianer dem Papste und dem griechischen Kaiser (im
Jahre 734) gegen die Longobarden leisteten, in A (in
Uebereinstimmung mit Johannes Diakonus) unter die Regierung des vierten magister militum Jubianus, in den Annalen unter die des dritten Dogen Ursus versetzt. — Der
Doge Dominikus Silvo stirbt in A als Doge nach einer
Regierung von 13 Jahren 5 Monaten, in den Annalen aber
wird er nach zwölfjährigem Regiment abgesetzt.

Auch scheint mir beachtenswerth, dass Andreas Dandolo sich in der Vorrede zu dieser Recension nicht als
Doge bezeichnet. Wie ich sehe, fasst Lucius [1]) das Verhältniss beider Werke ebenso auf, indem er sagt: «Dandulus
qui ex antiquioribus Chronicon summatim compilavit, as-
sumptionem etc. — — sed in Annalibus cum accuratius
gesta eiusdem ducis scriberet — — — »

Nun bleibt aber noch eine grosse Schwierigkeit,

[1]. De Regno Dalmatiae et Croatiae p. 122.

welche uns in ein wahres Labyrinth von Hypothesen zurück-
stösst. Unmittelbar nach den Worten der Vorrede in A:
«proposui sub brevi compendio narrare» folgen d i e s e:
«sed si quis de praedictis l a t i o r e m peritiam habere desiderat ad C r o n i c a m a p r a e s e n t i a u c t o r e c o m p o s i-
. t a m recursum habere debeat» — also ein Hinweis auf
eine g r ö s s e r e Chronik desselben Autors. Diese Worte
stehen in sämmtlichen oben genannten sechs l a t e i n i s c h e n
Handschriften der Recension A (also auch in der saec. XIV
und in dem Cod. Barberinus); sie f e h l e n aber in der
i t a l i e n i s c h e n Uebersetzung. Hier ist nun allerdings
zunächst z w e i e r l e i möglich: e n t w e d e r hat Dandolo die
Worte nicht geschrieben und der Uebersetzer sie in seinem
Original nicht gefunden, o d e r der Uebersetzer hat die
Stelle übersehen oder absichtlich ausgelassen. In diesem
letzteren Falle ergeben sich z w e i w e i t e r e M ö g l i c h-
k e i t e n: die Worte können e n t w e d e r von Dandolo selbst
herrühren o d e r denkbarer Weise auch von einem Anderen
interpolirt sein. Welches ist aber die grössere Chronik,
auf welche verwiesen wird? Gleichviel, von wem jene
Worte zugesetzt wurden: es können die A n n a l e n sein,
auf welche der spätere Interpolator oder Dandolo selbst
verweisen wollte — wobei man freilich annehmen müsste,
dass die Worte n a c h Abfassung der Annalen o h n e R ü c k-
s i c h t a u f d i e D i f f e r e n z e n z w i s c h e n R e c e n s i o n A
u n d d e n A n n a l e n hinzugefügt wurden. Es könnte aber
auch unter jener grösseren Chronik eine a n d e r e, frühere
— also eventuell ein d r i t t e s Werk Dandolo's — gemeint sein.

Betrachten wir nun Recension B! Von dieser sind
mir nur wenige Handschriften bekannt; eine im Museo
Civico Correr, eine zweite auf der Marciana Cl. X lat.
No. 136 chartac. saec. XVI fol. und der erwähnte Münchner
Codex. Es ist dies jedenfalls derselbe, den Bernhard Pez
in der Dissert. Isag. ad Tom. I Thesaur. Anecdot. noviss.

als im Kloster S. Emmeram zu Rgensburg befindlich auf-
führt. Auf der Rückseite des Deckels steht noch die
Signatur «Rat. S. Emm. 521»; jetzt ist er «Cod. lat.
No. 14621» (saec. XV in 4⁰). Er enthält zuerst (auf Per-
gament) Briefe Marino Sanudo's des Aelteren und den
Anfang von dessen bekanntem Geschichtswerk «Secreta
fidelium crucis» [1]; hierauf folgt (auf Papier) fol. 33 — 65
unsere Chronik; den letzten Theil von fol. 66 an nimmt
Caresini's Chronik ein. Fol. 33 stehen oben in der Mitte
die Worte: «In nomine patris et filii et spiritus sancti.
Amen.» Die eigentliche Aufschrift lautet dann so: «In-
cipit Cronica compilata per Illustrissimum dominum dominum
Andream Dandulo Inclitum Veneciarum ducem etc.» Die
Einleitung beginnt mit den Worten: «Predecessorum nostrorum auctoritate testante equidem ante constitutionem urbis
Veneciarum presentis altera Venecia fuit. de qua stillo (sic!)
historiographo memoriam facit antiquitas . . .» Es folgt
nun ein kurzer Ueberblick über die Geschichte jenes ersten
Venedigs oder besser Venetiens, über die Grenzen, die
Hauptstadt Aquileja und den Evangelisten Markus. Dann
geht die Erzählung über auf das neue (hodierna) Venedig,
gedenkt der Markuskirche, des Einfalls Attila's in Italien,
der Auswanderung der Bewohner auf die Inseln, greift
hier nochmals zurück auf die angeblichen Gründungen der
heimatflüchtigen Trojaner in Oberitalien und verweilt dann
etwas länger bei den neuen Ansiedelungen und den kirchlichen Stiftungen zur Zeit der Longobarden. Dann wird
erzählt, wie der Patriarchensitz von Aquileja nach Grado
verlegt worden und wie an den einzelnen Orten des neuen
Gemeinwesens zuerst «potestates» und «rectores» an der
Spitze gestanden, schliesslich aber ein «dux» gewählt
worden. Die Einleitung schliesst mit den Worten: «Et

[1] cf. Fr. Kunstmann in den Abh. der III. Kl. der b. Akad. der
Wiss. Bd. VII Abth. III.

quia ultra prenarrata finalis mea versatur intencio creacionem
ducum, qui a principio usque modo fuerunt, diserere manifeste locaque et terras, in quibus electi quibusve ducaverunt,
adiungere particulariter et distincte inuocato prius diuino
praesidio, sine quo nullum fundatur exordium, incipiam
tractatum eundem et prosequar, ut decebit; vltimo autem
de origine et progressu nobilium domorum Veneciarum sub
compendio declarabo. [1]

Vergleicht man Recension B mit den Annalen Dandolo's,
so zeigen sich zwischen beiden die grössten Differenzen
– zunächst in der Chronologie. Gleich der erste Doge,
Paulucius, regiert in den Annalen von 697 – 717, in B aber
von 688 – 708 und dieser Irrthum schleppt sich natürlich
weiter fort. Noch mehr aber sachlich. Hier in B wird
erzählt, dass Paulucius die rebellischen «Equilegenses» (die
Bewohner von Aquileja oder von Equilium, Jesolo?) zum
Gehorsam zurückgebracht habe — davon steht in den
Annalen kein Wort. Ebenso weiss B von Kämpfen zwischen
den Bewohnern der civitas nova (Herakliana) und den
«Equilini» während der Amtszeit des Magister Militum
Johannes Fabricius (733) — die Annalen schweigen auch
hierüber. — Bei den Kämpfen zwischen den Franken und
den Venetianern zu Anfang des 9. Jahrhunderts berichtet B,
dass Kaiser Karl selbst nach dem damaligen Venedig gekommen sei — in den Annalen ist es sein Sohn Pipin;
und dass der eine Doge Obelierius, der die Franken zu
diesem Zuge veranlasst habe, von dem wüthenden Volke
sogleich, als sein Verrath bekannt ward, aufgehängt worden
sei — nach den Annalen ereilt ihn das Schicksal später
bei einem misslungenen Restaurationsversuch, den er aus
der Verbannung zurückkehrend gemacht. — Die Uebertragung des Evangelisten Markus wird hier in B allerdings

---

1 cf. oben pag. 21; von diesem Kompendium aber ist nichts zu
sehen.

auch in die Regierungszeit des Dogen Justinian Participazio,
aber in das Jahr 800 gesetzt — in den Annalen erst in
das Jahr 828. — Vollends aber folgende Stelle! In B wird
die Einführung des Bleisiegels (sigillum plumbeum) statt
des früheren Wachssiegels auf den Papst Alexander III
zurückgeführt, der bei seiner Anwesenheit in Venedig dem
Dogen Sebastian Ziani für die der Kirche bei dem Kampfe
zwischen Kaiser und Papst geleisteten Dienste dieses Recht
bewilligt habe. In den Annalen aber wird auf das Ent-
schiedenste ausgesagt, dass schon früher solche Bleisiegel
im Gebrauche waren, und dass Papst Alexander diesen
Gebrauch nur bestätigte; Dandolo versichert zweimal
ausdrücklichst [1]), dass er selbst Bleisiegel aus früherer Zeit
gesehen habe: einmal an einem Privileg, das den Arbensern
unter dem Dogen Vitalis Michael II (1156 – 1172) verliehen
wurde, und dann an den «commissiones» (Instruktionen?)
der Legaten, die bei Beginn der Regierung Sebastian Ziani's
die Unterhandlungen mit König Wilhelm von Sicilien über
den Abschluss eines Bündnisses führten.

Es ist klar, dass diese Recension B, wenn sie von
Dandolo herrührte, wenigstens vor den Annalen geschrieben
sein müsste; in diesen — könnte man annehmen — hätte
Dandolo sodann mannigfache Korrekturen vorgenommen.
Er selbst findet sich in B nicht direkt als Verfasser bezeichnet; aber einmal wird sein Name doch genannt und
zwar in folgendem Zusammenhange. Der Doge Heinrich
Dandolo, wird in Uebereinstimmung mit den Annalen erzählt, änderte sein Wappen wegen der Aehnlichkeit desselben mit dem des Markgrafen von Montferrat, indem er
demselben Lilien hinzufügte — «und so wird es», heisst
es in B weiter, «heute von Allen geführt, die von dem

---

1) Muratori l. c. col. 200 C   201 A und col. 200 A.

genannten Geschlecht abstammen, aus welchem u n s e r
j e t z i g e r D o g e, A n d r e a s D a n d o l o, ist. [1]

Ist diese Stelle ächt, das heisst, stand sie wirklich
schon so im Original — und sie fehlt in keiner der drei
citirten Handschriften —, dann kann schwerlich ein Zweifel
sein, dass Andreas Dandolo der Verfasser dieser Recension B
nicht ist; denn dies ist die Sprache eines Untergebenen
und nicht die eines Herrschers. Aber könnte man nicht
auch auf den Gedanken kommen, dass jene Worte von
einem S c h r e i b e r zur Zeit der Regierung Dandolo's z u -
g e s e t z t worden seien? und ferner, dass vielleicht diese
Recension B jene grössere Chronik sei, auf welche in A
verwiesen wird? Und bestärkt kann man sogar in dieser
Ansicht dadurch werden, dass zwischen A und B, die
beide bis zum Jahre 1342 reichen, eine überaus grosse,
öfters sogar w ö r t l i c h e Uebereinstimmung besteht.

Man vergleiche nur folgende Stellen:

1) Tod des Dogen Deusdedit:

A: hic ad fortificandum castrum Brendoli persona-
liter accedens a quodam
Galla eius oculi evulsi
fuerunt.

B: hunc Deodatum ducem
dum ad fortificationem
castri de Brondulo acces-
sisset quidam nomine
Galla capit et ei oculos
eruit.

2) Bei dem Dogen Galla heisst es in

A: hic in quo deliquit puni-
tus fuit.

B: — ut in eo quo deli-
querat, puniretur.

3) Bei dem Dogen Johannes (787—804) finden sich
folgende Anklänge:

---

[1] Nam primo armatura dicti ducis erat alba et rubea, ut est illorum
de cha (= casa?) dandulo et ipse mutauit eam in alteram et azuram
cum liliis et sicut fertur hodie a cunctis qui a dicta stipite sunt pro-
gressi, de qua est noster dux, qui hodie est dominus
Andreas Dandulo.

A: — patris iussum adim-
plevit —
— venerabilis Fortuna-
tus —
ad Tervisinas partes
se reduxit —

B: — patris iussum imple-
vit —
— venerabilis pater For-
tunatus —
— ad partes Tervisinas
se reduxerunt. —

4) Unter dem Dogen Petrus (888—912) fielen die
Ungarn in Italien und auch in das Gebiet Venedigs ein
(906), wurden aber von dem Dogen zurückgeschlagen.
Dazu bemerkt

A: quod ex gentium mul-
titudine non accessit,
sed miraculose quo-
dam modo hoc cre-
ditur contigisse.

B: — quod quidem miraculo
processit, cum ipse
dux foret cum paucis
et hostes fuerunt cum
multitudine copiosa.

In den Annalen steht nur (col. 197 C): Dei protectus
auxilio.

5) Ueber die Nachstellungen, welche Peter I Orseolo
ausgesetzt war, berichtet

A: persecutiones magnas a
propinquis ducis occisi
substinuit, a quibus suis
meritis exigentibus plu-
ries se protexit.

B: Iste ab amicis et propinquis ducis, quem populus
interfecit (Peter IV Can-
diano) graves iniurias mul-
tasque persecutiones per-
passus est. Sed ipsum
adversus eos populus cla-
ris eius meritis virtuosis-
que operationibus defen-
savit.

6) Von Peter Polano erzählt

A: Civitates quoque Fani et
Polae vinculo iuramenti
sibi fideles et tributarias
fecit.

B: Iste dux Civitates Polae
et Fani suae ditioni sub-
iiciens per sacramentorum
religionem eas fideles et
tributarias sibi fecit.

7) Die Wahl Sebastian Ziani's schildert

A: hoc tempore universalis concio volens pericula et scandala in creatione ducis evitare undecim electores constituit, qui iure iurando astricti hunc in ducem elegerunt.

B: hoc tempore generale Venetiarum consilium errores et scandala, quae creationibus ducum consueverant exoriri, provide satagens evitare undecim electores constituit, qui iure iurando astricti de eligendo eum, qui eis melior et utilior appareat, ducem Sebastianum unanimiter creaverunt.

In den Annalen (col. 297 A B) lautet der Bericht darüber so: — — cunctus populus — pariter congregatus pro evitanda discordia salutiferum primo decrevit edictum, ut XI virtuosi viri nominarentur, qui iuramento adstricti illum in Ducem eligerent, quem sapientiorem et legaliorem cognoscerent — — —.

8) Von dem Dogen Jakob Tiepolo berichtet

A: Civitatem Ferrariae sibi vicinam ad requisitionem Gregorii tunc summi pontificis de dominio Salinguerrae subtraxit ipsamque Gregorio de Montelongo apostolicae sedis legato consignavit.

B: — Civitatem Ferrariae de manibus Salinguerrae ad requisitionem papae Gregorii excipiens ipsam in potestatem Gregorii de Montelongo ecclesiae Romanae legati libere consignavit.

und dann weiter:

A: — Et Paduanos, qui de mandato Ezelini de Romano Venetorum emuli iuxta Sancti Ilarii monasterium fortilicium construxerant, hostiliter repulit.

B: huius tempore Paduani de mandato Eccelini de Romano eorum domini quamdam fortiliciam apud sanctum Illarium construxerunt, quam statim idem dux bello commisso cum eis ex toto removit ipsosque Paduanos inde abire coegit.

4

Noch auffallender ist es, wenn A und B in Nachrichten übereinstimmen, welche in den Annalen g a r n i c h t oder a n d e r s gemeldet werden. So wird unter dem Dogen Ursus Baduario (865.—881) in beiden Chroniken ein Kampf mit einem Slavenfürsten erwähnt, der in den Annalen fehlt,

A: Illico Sclavorum princeps ad depopulationem terrarum maritimarum Istriae potenter advenit, contra quem dux personaliter exiens victoriam habuit, et terris expoliatis damna restituit.

B: Eo tempore Yllicus Sclavoniae princeps contra pacis federa veniens Civitates maritimas Istriae damnis et derobationibus flagellavit, propter quod dux adversus eum in manu forti personaliter exiens victoriam consequutus est terrarumque per ipsum Yllicum occupatarum indebite atque spoliorum restitutionem obtinuit cum triumpho.

Auch in B stirbt Dominicus Silvo (cf. oben) noch als Doge:

A: Hic cum ducasset annis 13 mensibus 5 ad Christum transivit et iuxta ecclesiam sancti Marci sepultus fuit.

B: Iste dux annis 13 mensibus vero 5 rem publicam gubernans fuit ad supernam patriam disponente domino revocatus et corpus eius penes beati Marci ecclesiam fuit honorifice tumulatum.

Die Verlegung des Bisthums von Malamocco nach Clugia (Chioggia) wird in beiden Recensionen f ä l s c h l i c h in den Dukat Peter Ziani's versetzt:

A: — et episcopatus insuper de Matamauco inibi translatus extitit.

B: Tunc insuper episcopatus Matemauci in episcopatum Clugie fuit translatus.

In den Annalen fehlt die Notiz von A und B, dass der Doge Aureus Mastropetro eine Münze nach seinem Namen habe schlagen lassen.

A: Hic dux fabricare fecit monetam suo nomine appellatam Aurelli (sic!), de qua hodie in cartarum penis specialiter mentio habetur.

B: Iste dux quandam monetam, quae vocabatur Aureolus, ut suo congrueret nomini, cudi fecit, de qua etiam hodierna die in cartis, ubi pena apponitur quinque librarum, fit mentio singularis.

Andrerseits findet sich eine Reihe von Stellen, an denen A und B von einander abweichen, indem Nachrichten von B in A theils ganz fehlen, theils anders berichtet — bisweilen berichtigt — sind. So fehlt in A die ganze Notiz über die Wappenänderung Heinrich Dandolo's und der ganze Passus über die Verleihung des Bleisiegels durch Papst Alexander III. — Hinsichtlich des Schicksals des obenerwähnten Dogen Obelierius stimmt A mit den Annalen gegen B. — Wesentlich geändert ist in A der Bericht von B über die Ankunft Alexanders III in Venedig. In B wird nämlich erzählt, das derselbe heimlich nach Venedig gekommen sei und zuerst mehrere Tage im Kloster »S. Mariae de Caritate« verweilt habe, bis er von einigen Venetianern erkannt und vom Dogen feierlich abgeholt worden sei. In A wird seiner Ankunft nur ganz vorübergehend gedacht: » — — Venetias venientem — — «. In anderer Gestalt erscheint auch der Passus von B, der von den Massregeln handelt, welche angeblich über die Orseolo im 11. Jahrhundert verhängt wurden. B sagt: »Iste dux (sc. Dominicus Flabanicus) graves processus adversus totam prolem seu domum de cha Ursiolo promulgavit, inter cetera statuens, ne deinceps quisquam de prole illa posset assumi in ducem nec esset de ullo consilio Veneciarum et plures de dicta progenie forbanivit. A quo citra tempore sic observatum fuisse monstratur.« Ganz summarisch berichtet darüber A: »Hic magnos processus fecit contra domum Ursiolorum.« In den Annalen steht gar nichts mehr davon; die

Randbemerkung des Cod. Ambrosianus hat, als spätere
Zuthat, für uns ja keinen authentischen Werth.

So erscheint in der That die Recension A öfters lediglich als eine kürzere Fassung von B; namentlich bei
den späteren Dogen — und ich wiederhole, dass die Annalen nur bis zum Jahre 1280 gehen — bringt B oft
grössere Details, so die Namen venetianischer Befehlshaber,
Zahl der Schiffe und dergleichen. Auch das darf vielleicht
nicht übergangen werden, dass eben jener Codex Barberinus, in welchem wir eine kürzere, wohl ältere Fassung
der Recension A erkannten, mit der Recension B in einigen
Punkten noch genauer stimmt als die anderen Handschriften
von A. Dies ist einmal der Fall in der Chronologie, dann
darin, dass auch in B die Bestätigungen der Privilegien
Venedigs durch die jeweiligen Beherrscher Italiens fehlen,
und ganz besonders noch an zwei Stellen. Wie in B, ist
es nämlich im Cod. Barberinus — fälschlich — Kaiser
Karl der Grosse selbst, und nicht sein Sohn Pipin, der
gegen die Venetianer zu Felde zieht und, wie in Recension
B, wird in dem genannten Codex — ebenfalls fälschlich — die Translation des heiligen Stephanus Proto-
martyr unter die Regierung des Dogen Aureus Mastropetro
in das Jahr 1187 versetzt, während sie in den übrigen
Handschriften der Recension A in Uebereinstimmung mit
den Annalen schon unter dem Dukat des Ordelafus Faledro
zu Beginn des 12. Jahrhunderts erzählt wird.

Sonach könnte als die einfachste Lösung der oben
angedeuteten Schwierigkeiten diese erscheinen: Dandolo
verfasste zuerst die Chronik, welche wir als Recension
B bezeichnet haben; die Worte: »de qua est noster dux,
qui est hodie Andreas Dandulo« sind von einem Schreiber
eingesetzt; die zahlreichen Irrthümer und Fehler in B sind
der Benützung ungenügender Quellen und mangelhafter
Kenntniss des wahren Sachverhaltes zuzuschreiben. Eine
kürzere Fassung, ein Auszug davon, wenn man so will,

ist Recension A, welche in doppelter Gestalt vorliegt; zum
Theil sind hier die Fehler bereits korrigirt. Beide Recensionen aber, A wie B, sind vor den Annalen entstanden,
für welche Dandolo — in seiner Stellung als Doge — natürlich
ein viel besseres und reicheres Material benutzen konnte.

Dieser Annahme kann man nun allerdings jene e i n e
Stelle »de qua etc.« entgegenhalten und, solange nicht
der positive Beweis gebracht wird, dass jene Worte wirklich interpolirt sind, nicht ohne guten Grund die Recension B
Dandolo absprechen. Dann muss man B für eine Kompilation aus Dandolo's Zeit halten, in welcher die Recension A
— und zwar die ältere Fassung des Cod. Barberinus —
sowie andere Quellen, insbesondere Canale [1]), durcheinander
gemengt und verarbeitet sind. [2])

Wie dem auch sei: beide Recensionen bieten eigentlich
nur ein literar-historisches Interesse; denn der sachliche
Werth von B sowohl, als namentlich von A ist nur ein
geringer. Die meisten Nachrichten — wenigstens bis zum
Jahre 1280 — finden wir, noch dazu vollständiger und
richtiger, auch in den Annalen; die anderen wenigen aber
sind mit geringen Ausnahmen zweifelhafter Art und uns
in den ursprünglichen Quellen erhalten. [3]) Unter den Geschichtswerken Andreas Dandolo's bleiben d i e A n n a l e n
die Hauptquelle für die ältere Geschichte Venedigs bis
zum Ende des 13. Jahrhunderts; zu ihrer Betrachtung
wollen wir nun zurückkehren.

1) Aus dessen Chronik stammt z. B. jene falsche Notiz über Kaiser
Karl, daher die Verlegung der translatio s. Marci in's Jahr 800, daher
die Nachricht, dass die Venetianer einmal gewillt waren, nur aus dem
Geschlechte der Baduario ihre Dogen zu wählen.

2) Dann wäre noch der Fall denkbar, dass der anonyme Verfasser von B jenen Hinweis auf eine grossere Chronik in Recension A
mit Beziehung auf seine eigene Kompilation (Rec. B) hinzugesetzt habe.

3) Inwiefern die kleine Chronik »für die Herstellung einer brauch-
baren Ausgabe der grossen Chronik wohl unentbehrlich wäre« — wie
Lorenz: Deutschlands Geschichtsquellen (p. 284) meint —, vermag
ich nicht abzusehen.

III.

Die Annalen Dandolo's umfassen in ihrer jetzigen
Gestalt, wie schon erwähnt, venetianische und allgemeine
Geschichte im Zeitraum vom Jahre 48 bis 1280 n. Chr. G.;
sie reichen also, um dies ausdrücklich zu wiederholen,
nicht bis auf die Zeit des Autors selbst. Dies hat natürlich
zur Folge, dass unser Schriftsteller durchgängig wesentlich
von früheren Quellen abhängt. Welches sind nun diese?
wie hat Dandolo sie benützt? Dies sind die beiden Haupt-
fragen, die sich uns zur Beantwortung aufdrängen.

Zuvor aber muss ich bemerken, dass ich diese Quellen-
untersuchung nicht auf die Notizen zur allgemeinen Geschichte ausdehnen, sondern auf diejenigen Nachrichten
beschränken werde, welche sich auf die Geschichte Venedigs
beziehen. Und dies hauptsächlich deshalb, weil ja diese,
die venetianische Geschichte, den wichtigsten Bestandtheil
der Annalen bildet, und schwerlich Jemand Dandolo's
Annalen zur Hand nehmen wird, um daraus über allgemeine Geschichte sich zu unterrichten   soweit sie nicht
eben mit der venetianischen Geschichte sich berührt. Dazu
kommt, dass für diesen, also bei weitem unbedeutenderen,
Theil seines Werkes unser Autor überwiegend aus dem
Werke e i n e s anderen Venetianers, des schon erwähnten
und unten noch des Weiteren zu erwähnenden Bischofs
Paulinus, geschöpft hat, dessen grosse Kompilation erst
im Einzelnen durchgearbeitet werden müsste.

Ich werde nun zunächst die schon bekannten, meistentheils veröffentlichten, venetianischen Geschichtsquellen
des Mittelalters in ihrem Verhältniss zu Dandolo's Annalen
erörtern, jedoch natürlich nicht alle Stellen, welche Dandolo
aus denselben entnommen hat, einzeln hier aufzählen. Dies
würde zu weit führen, und zahlreiche Wiederholungen wären
unvermeidlich, die sich leider auch so nicht gänzlich werden
umgehen lassen. Wir haben ja schon gesehen, in welcher
Weise Dandolo — kompilirt, wie er öfters mehrere Quellen
neben einander benützt und sie auch wohl in einander
verflicht. Dadurch würden wir in die Nothwendigkeit versetzt — und sind es zuweilen noch — einen Passus bei
mehreren Quellen anführen zu müssen.

Ich werde daher immer nur einige Hauptstellen vorbringen, welche die Benützung der jeweiligen Quelle zu
beweisen geeignet sind, am Schlusse aber zur genaueren
Uebersicht eine Quellenanalyse aller Stellen zur venetianischen Geschichte geben. Nur die wichtigeren Aenderungen,
welche Dandolo an seiner Quelle vorgenommen hat, sollen
sogleich bei jeder besprochen werden.

Zuletzt aber werde ich die Nachrichten zusammen-
zustellen haben, für welche ich entweder noch keinen Beleg gefunden habe oder die von Dandolo selbstständig
hinzugefügt sind. Denn — um dies sogleich vorauszu-
schicken — wenn auch unser Autor seine Quellen sehr
oft fast wörtlich ausschreibt, so fehlt es doch keineswegs
in den Annalen an Beweisen selbstständiger Verarbeitung
und selbstständiger Untersuchung.

Man hat mit Recht den zu Beginn des 11. Jahrhunderts
lebenden Verfasser des von Pertz (Mon. Germ. hist. Script.
tom. VII) herausgegebenen »Chronicon Venetum«, den
Johannes Diakonus, als den ersten wahren Geschichtschreiber der Venetianer bezeichnet [1]: aber älter noch

_____

[1] Giesebrecht in Schmidts Zeitschrift für Geschw. Bd. IV.

sind einzelne Theile des sogenannten »Chronicon Altinate«, älter auch wohl das

Chronicon Gradense.

' Dasselbe ist zuerst von Ant. Rossi als viertes Buch des Chron. Altinate im Archivio Storico Italiano (tom. VIII pag. 116—129) und dann von Pertz l. c. pag. 39—47 veröffentlicht worden. Dass es in der Handschrift des Chron. Altin. nur eine Abschrift ist, geht einmal aus den Schriftzügen, namentlich aber daraus hervor, dass ein paar Worte, die in dem Cod. Urbin. (1. bei Pertz) des Chron. Grad. am Rande stehen, hier, im Codex des Altin., bereits in den Text übergegangen sind. Es sind die Worte (Pertz l. c. pag. 45 c.): »In hoc loco necessaria est epistola Bonifacii pape« — denn so ist auch zu lesen im Arch. St. l. c. pag. 129 statt des verkehrten »nunciata« [1]. — Für den Verfasser dieses Chron. Grad. hat Pertz gleichfalls den Johannes Diakonus, den Verfasser des Chron. Venetum, gehalten; vorzüglich deshalb, weil beide Chroniken in einer alten Handschrift, die als Autographus des Chron. Venet. gilt, eben in dem Cod. Urbin., vereinigt sind. Dieser Ansicht ist dann besonders Kohlschütter in seiner Dissertation (Göttingen 1868): »Venedig unter dem Herzog Peter II Orscolo«, wie ich glaube, mit Recht entgegengetreten. Kohlschütter betont ganz richtig den stilistischen Unterschied beider Chroniken; ich möchte noch auf einige sachliche Differenzen hinweisen. Im Chron. Venet. berichtet Johannes (pag. 5 oben), dass der Stuhl des heiligen Markus durch die Mutter des Kaisers Konstantin, Helena, aus Alexandria weggeschafft und dann als Geschenk des Kaisers Heraklius nach Grado gebracht worden sei. Im Chron. Grad. hingegen heisst es (pag. 45 unten), dass Kaiser Heraklius selbst den Stuhl aus Alexandria mitgenommen. — Im

1 In der Handschrift necia.

Chron. Venet. wird die Begründung der bischöflichen Kirche von Olivolo richtig in die Regierungszeit des Dogen Mauricius am Ende des 8. Jahrhunderts gesetzt (pag. 13 o.), im Chron. Grad. aber schon dem ersten Patriarchen von Grado, Helias, am Ende des 6. Jahrhunderts zugeschrieben (pag. 43 u.). — Ganz besonders schwer aber scheint mir gegen Pertz folgender, bisher nicht berücksichtigter, Umstand ins Gewicht zu fallen. Das Chron. Grad. schliesst in dem Cod. Urbin. mit dem Berichte von der Erhebung des Primogenius zum Patriarchen von Grado; unmittelbar vorher wird der Tod und die Bestattung des Patriarchen Cyprianus erzählt mit diesen Worten (pag. 45 mitt.): Et hoc mortuo, sepultus est in eadem basilica, ubi suprascripti predecessores eius humati sunt.

Dann heisst es sogleich: Isdem vero papa, providens utilitati sanctae Dei ecclesiae, interventu supradictorum Primogenium subdiaconum, regionarium sedis apostolicae, ad eandem metropolim regendam direxit.

Welcher Papst ist nun aber gemeint? wer sind die »supradicti«? auf welchen Vorfall wird hier angespielt? Da in dem Vorhergehenden sich gar keine Spur zur Erklärung dieser Stelle findet, dieselbe vielmehr ausser allem Zusammenhang stehend erscheint, so ist klar, dass hier eine Lücke in der Erzählung sein muss. Dies wird uns denn auch durch das von Pertz aus zwei anderen Codices des Chron. Grad. beigefügte »Supplementum« bestätigt, das in der That vor dem Satze »Isdem papa — direxit« einen Passus enthält, aus welchem wir erfahren, dass Papst Honorius von der Geistlichkeit Venetiens, Istriens und Aquilejas gebeten worden war, gegen einen Usurpator auf dem Patriarchenstuhl, Fortunatus, einzuschreiten. Nun aber scheint mir — vorausgesetzt, dass in dem Cod. Urbin., dem angeblichen Autographus des Johannes Diakonus, die Worte »Isdem vero papa etc.« sich wirklich unmittelbar an die vorausgehenden »humati sunt« anschliessen, und dass 'zwischen denselben kein Zwischenraum gelassen, kein Blatt ausgefallen ist — dies vorausgesetzt kann ich den Johannes Diakonus unmöglich für den Verfasser des Chron. Grad. halten. Ein Autor wird doch nicht selbst sein eigenes Werk in einer mangelhaften, verstümmelten Gestalt niederschreiben; wohl aber ist es möglich, dass Johannes Diakonus entweder eine lückenhafte Vorlage für das Chron. Grad. gehabt oder selbst sich beim Abschreiben ein Versehen hat zu Schulden kommen lassen.

Auf einen anderen Verfasser weist Ant. Rossi in der Einleitung zu dem vierten Buche des Chron. Altin. hin. Derselbe fand nämlich in einer anderen Chronik der Patriarchen von Grado unser Chron. Gradense oder wenigstens einen Theil desselben eingeschoben und den Patriarchen Vitalis II (um 900) als Autor dieses Einschiebsels bezeichnet. Ob man freilich dieser Notiz unbedingtes Vertrauen schenken darf, steht dahin. Schon Rossi sagt, dass ihm diese zweite Chronik von Grad. nur eine Kompilation anderer Nachrichten zu sein scheine. Aus eigener Anschauung kann ich hinzusetzen, dass der betreffende Codex in der Bibliothek des Seminario patriarcale zu Venedig (mit der Signatur D II, 9) nicht vor dem Ende des 15. Jahrhunderts geschrieben sein kann. [1]) Wer immer auch der Verfasser unseres Chron. Grad. sein mag, jedenfalls war derselbe mit den kirchlichen Verhältnissen von Grado wohl vertraut. Er weiss z. B. von dem Grabmal des Patriarchen

---

1) Dies beweist folgende Stelle, die ich beim Durchblättern des Codex (fol. 30) fand und die von derselben Hand geschrieben ist, wie der übrige Theil des Codex: »Hec omnia de primatibus et episcopis et archiepiscopis et patriarchis contenta habentur ex libro qui vocatur prouinciale omnium ecclesiarum exemplatum a libro cancellerie sedis apostolice. Pluraque habentur in libro qui vocatur formularium instrumentorum Rome nuper impressum per magistrum Stephanum Planck Anno nostri redemptoris 1495. Tempore pontificatus Alexandri VI pape.« Den ersten Theil dieser Kompilation habe ich in dem Cod. lat. Cl. X, 305 der Marciana (chart. klein fol.) gefunden.

Paulus zu berichten, dass es »noch heute« dort ist (cuius
sepulcrum usque hodie ibi manet); ebenso sagt er von dem
Testament des Patriarchen Severus: »apud ecclesiam Gra-
densem manet et res quas sibi reliquit, ipsa possidet
Ecclesia.« Die dies natalicii verschiedener Heiligen der
Kirche von Grado werden genau angegeben; und diese
Details machen es sehr wahrscheinlich, dass die Chronik
in Grado selbst entstanden ist.

Dass dieselbe — wenigstens in ihrem ersten Theile —
weiter nichts ist als eine Ueberarbeitung eines Theiles des
Chron. Altinate, darauf hat vor Kohlschütter schon Giesebrecht (l. c.) hingewiesen. Aber es ist nicht eine Ueberarbeitung des »zweiten und dritten Buches« des Chron.
Altin., sondern nur des zweiten Buches, das vollständiger
aus der Dresdener Handschrift des Chron. Altin. im Arch.
Stor. It. Appendice tom. V pag. 73—84 mitgetheilt ist.

Dass Dandolo dies Chron. Grad. gekannt und öfters
benutzt hat, ergibt die Vergleichung beider Werke. Die
erste Stelle, die in den Annalen aus dem Chron. Grad.
entnommen ist, findet sich (col. 81 A) bei dem Pontifikat
des Bischofs Marcellianus von Aquileja [1]) und bezieht sich
auf das »monasterium Belignense«, das dieser Bischof ge-
gründet haben soll — nur mit der Differenz, dass Dandolo
sagt: »non procul ab Aquilegia Civitate«, während es im
Chron. Grad. heisst: »in destructa Aquileia«. Hingegen
sind die Worte Dandolo's: »ipsumque Monasterium jure
dominii in se retinuit, quamdiu vixit« fast ganz gleichlautend
mit folgenden des Chron. Grad.: »quod etiam monasterium
sub proprii dominii iure, quamdiu vixit, retinuit«. — Für
die Geschichte des Patriarchats von Grado bedient sich

---

1) So heisst er auch in der Handschrift des Chr. Altin., nicht
Marcellinus, wie bei Pertz (pag. 42 m.) und im Arch. St. (pag. 123)
fälschlich gedruckt ist, an welch' letzterem Orte ausserdem einige Worte
ausgelassen sind.

Dandolo vorzugsweise, wenn auch nicht ausschliesslich, dieser Quelle. Aus ihr und fast mit denselben Worten berichtet er von der Stiftung der Kirche zu Ehren des Evangelisten Johannes in Grado (col. 87 B = pag. 42 m. bei Pertz), von der Errichtung eines Klosters zu Ehren der heiligen Maria (col. 103 C = pag. 44 o.), daher von den Uebertragungen verschiedener Heiligen (col. 94 D, E = pag. 44 m. und pag. 42 o.). Ebenso war das Chron. Grad. Dandolo's Vorlage für die Erhebung des Abts Johann auf den Patriarchenstuhl von Alt-Aquileja durch die Longobarden (col. 109 C = pag. 45 o.), für die Invasion des bereits genannten Fortunatus (col. 113 A = pag. 45 m.), für die Geschenke des Kaisers Heraklius an den Patriarchen Primogenius (ibidem); fraglich aber, ob auch für die Briefe des Papstes Gregor III an den Patriarchen von Aquileja, Serenus, und an den von Grado, Donatus (col. 132 und 133 zu vergleichen mit pag. 46). Denn trotz mehrerer besserer Lesarten des Codex M₁ bleiben noch einige Differenzen im Ausdruck. Schwerlich auch hat Dandolo die Namen der Patriarchen — von jenem Marcellianus an — mit der Angabe der Dauer ihrer Amtsführung aus diesem Chron. Grad. entnommen. Denn wenn er auch oft mit diesem in Bezug auf die Jahre übereinstimmt, so ist dies doch nicht durchweg der Fall; die Patriarchen Agatho (col. 122 B) und Vitalis (col. 209 C) fehlen in unserem Chron. Grad. ganz.

Die Art der Benutzung des Chron. Grad. durch Dandolo mögen noch folgende Parallelstellen veranschaulichen:

Vom Bischof Paulus von Aquileja heisst es:

Dand. col. 95 D: cujus Sepulchrum in eodem loco (i. e. in Grado) praesentialiter exstat.

Chr. Grad. p. 44 m.: cuius sepulchrum usque hodie ibi manet.

Vom Patriarchen Severus wird berichtet:

Dand. col. 108 B: Hic Severus Patriarcha cum sedisset annis XXI dies XXXI

Chr. Grad. p. 44 u.: — Severus patriarcha — — qui omnes suas res, que

mortuus est, relinquens bona sua Ecclesiae Sanctae Euphemiae, commendans Sacerdotibus, ut omni die Sabbati pro ipso Missas celebrent (M₁) atque oblationes offerant (M₁); mensamque Pauperum fieri instituit, et in eadem Ecclesia sepelitur.

de parentum iure habuit, in iam dicta aecclesia sancte Eufimie reliquid, per testamentariam vocem comendans sacerdotibus ipsius metropolis Gradensis, ut ipsi superstites seu posteri eorum pro his rebus specialiter omni die sabbati pro ipso missas celebrarent, atque oblationes offerrerent; mensamque pauperum instituit. Cuius et testamenti cartula apud aecclesiam Gradensem manet, et res quas sibi reliquid ipsa possidet aecclesia. Defuncto vero ipso beatissimo viro, apud Gradensem metropolim aecclesiam sepultus est in basilica beatae Eufimiae. Qui pontificatum rexit annis numero viginti et octo (Cod. 5 XXXI), et diebus triginta et uno.

Von dem Patriarchen Primogenius erzählt:

Dand. col. 113 E: Primogenius — — Apocrisarium suum ad Heraclium misit, et denunciationem suae Ecclesiae, et subtractionem suorum suffraganeorum, quam Longobardi faciebant, seriose enarrari fecit. Tunc piissimus Imperator ei auri et argenti plus remisit quam perdiderat, et insuper sedem Beatissimi Marci Evangelistae ob confirmationem dictae Metro-

Chr. Grad. pag. 45 u.: — — Primogenius aprocrisiarium suum dirigens in regiam urbem ad virum piissimum Justinianum augustum, huius rei indagandae causa, qualiter ipse baptismales ecclesiae denudatae fuissent, quod et Longobardi suos episcopos a diocesi eius subtrahere voluissent, et ipsum thesaurum apud se retinuissent. Tunc demum ipse piissimus im-

polis direxit, quam ab
Alexandria Constantino-
polim secum duxerat.

perator aurum et argentum
plus remisit quam perdi-
derant, et insuper sedem
beatissimi Marci euvan-
geliste dirigens, quam ab
Alexandria Heraclius au-
gustus in regiam urbem
adduxerat.

Hat Dandolo einerseits den falschen Namen ›Justinianus‹
— wofern derselbe nicht etwa in dem Cod. 5 des Chron.
Grad. ein Schreibfehler ist — richtig geändert, so hat er
andrerseits die Worte ob confirm. d. M. seiner Vorlage
hinzugefügt, jedoch nicht willkürlich, sondern vielmehr aus
der Quelle, zu welcher wir uns nunmehr wenden: aus dem

Chronicon Venetum des Johannes Diaconus.

Was die Persönlichkeit dieses Autors und sein Werk
selbst anlangt, verweise ich auf die einschlägigen Bemerkungen von Pertz in der Einleitung zu der Ausgabe
des Chron. in den Mon. Germ. (l. c.) und auf die Untersuchung von Kohlschütter, dem ich mich in der Frage
der Abfassungszeit anschliesse [1]); wobei ich nur bemerken
will, dass der Ausdruck »dominus«, auf welchen Pertz
Gewicht legt [2]), nicht blos an den von Kohlschütter citirten
Stellen, sondern noch mehrmals in der Chronik bei früheren
Dogen gebraucht ist, so pag. 16 Z. 40 und 47; pag. 19
Z. 25; pag. 13 Z. 40 bei Karl dem Grossen; pag. 14 Z. 17
bei dem Patriarchen Fortunatus von Grado.

—— —.

1) cf. Wattenbach: Deutschlands Geschichtsquellen Bd. I pag. 313
und Giesebrecht: Gesch. der deutschen Kaiserzeit 4. Auflage Bd. I
pag. 790.

2) Pertz schliesst nämlich daraus, dass der Doge Peter I Orseolo
und der Abt Warinus im Jahre 979 »domini« genannt werden (cf.
Script. t. VII p. 26 m.) auf eine »successive gleichzeitige Abfassung«
in den Jahren 980—1008; Kohlschütter lässt das Werk erst nach 1009
entstanden sein.

Pertz und verschiedene Andere vor ihm haben bereits
darauf hingewiesen, wie diese Chronik des Johannes Diakonus
von Andreas Dandolo in ausgedehntem Umfange ausgeschrieben worden ist. Sie ist es fast für die ganze ältere,
besonders äussere, politische Geschichte Venedigs seit Begründung des Inselstaates am Ausgang des 7. bis zum Beginn
des 11. Jahrhunderts. Dandolo deutet auch selbst wiederholt
auf diese Quelle hin, ohne freilich den Verfasser bei seinem
Namen zu nennen, welchen derselbe übrigens ja selbst
verschwiegen hat. Der von Dandolo col. 218 C bei dem
Dogen Tribunus Memmo (979—991) citirte »Historio-
graphus ,quidam Venetorum« ist Niemand anders
als unser Johannes Diakonus, und ebenso ist die col. 227 B
für die Eroberung Dalmatiens durch Peter II Orseolo an-
geführte »historia quam reperimus in antiquissimis
(Graecorum et) Venetorum Codicibus« der Bericht des
eben in Rede stehenden Chron. Venetum, mit welchem
Dandolo's Darstellung gerade hier wörtlich übereinstimmt.
Auf diese nämliche Quelle wird hingewiesen mit dem Ausdruck »scribitur« col. 222 A bei dem unfreiwilligen
Rücktritt des Dogen Tribunus Memmo. Ob auch die
Ausdrücke »in authenticis scripturis« col. 198 A und
»Venetorum segregatae scripturae« col. 214 E sich
auf diese Chronik beziehen, kann zweifelhaft erscheinen;
ich komme darauf noch zurück (cf. p. 75). Dandolo's
Verfahren ist auch hier ähnlich dem bereits früher ge-
schilderten; meistentheils schreibt er wörtlich ab, und
es ist charakteristisch, dass er selbst ganz individuelle
Ausdrücke des Johannes zu entlehnen kein Bedenken ge-
tragen hat. So finden wir öfters den Ausdruck »fertur«
(col. 178 D, 206 A, 209 E, 212 C) und zweimal die Worte
»ut diximus« und »diximus« (col. 214 B und col. 229 A) aus
Johannes entnommen (p. 18 o., 25 o. m., 26 o. u., 32 m.).
— Daneben hat er sich aber auch öfters kleinere, bisweilen
grössere, jedoch unwichtige, stilistische Aenderungen er-

laubt, indem er z. B. statt des Wortes »limpha« »aqua«
gebraucht (col. 221 B), den Ausdruck »comperta occasione«
in »sumpta occasione« (col. 151 E), eine direkte Rede in
eine indirekte verwandelt (col. 214 A). Es genüge hier
nur einen Passus als Beispiel anzuführen. Derselbe handelt
von der Einsetzung zweier Tribunen neben dem Dogen im
Jahre 756.

Dand. col. 141 E : Sane uti mos vulgi est, qui nunquam in praeposita (so Mi statt prop.) voluntate persistens, sed quadam superstitiosa stultitia varias adinventiones excogitans, in hujus Ducis (i. e. Dominici Monegario) creatione duos Tribunos annuales, qui sub eo consisterent, sibi praeposuerunt.	Joh. Diac. pag. 13 o. : Et ut mos vulgi est, qui nunquam in praeposita voluntate persistens, sed quandam (sic !) superstitiosa stultitia alias atque alias adinventiones excogitans, primo illius ducati anno tribunos duos, qui sub ducali decreto consisterent, sibi praeposuerunt.

Manchmal nimmt Dandolo Umstellungen vor, wie er
z. B. die Vermählung der Hicela, der Tochter des Dogen
Peter II Orseolo, mit Stephan, dem Sohne eines Slavenfürsten, sogleich bei dessen Auslieferung als Geissel erwähnt
(col. 229 B), während Johannes erst am Schluss bei einem
Ueberblick über die Familie des Dogen der Tochter, wie
der Heirath gedenkt. — Hie und da hat Dandolo einzelne
Zusätze gemacht, mehr redaktioneller Art, zur Erläuterung
wohl und Vervollständigung. [1]) So bemerkt er col. 174 C
ausdrücklich, dass die Narentaner venetianische Kaufleute
gefangen genommen hätten »rupto foedere«, was natürlich
ein Vertragsbruch war, da vorher (col. 172 D) ein Friedensschluss zwischen den Venetianern und den genannten Slaven
gemeldet wurde. Andrerseits hat Dandolo den Bericht des
Johannes, der besonders gegen das Ende seines Werkes

---

1) Von den sachlichen Zusätzen später.

hin an Ausführlichkeit zunimmt, öfters gekürzt; und auch
hier mag eine Stelle zum Beweise dienen.

Von den Kämpfen des Dogen Ursus Participazio
(864—881) berichtet:

Dand. col. 182 C: Hic Dux cum navali expeditione contra Domagoi Sclavorum Principem, qui Venetos saepius laeserat, properavit, cum quo recusante pugnam, resarcitis damnis et acceptis obsidibus, pacem composuit, et cum gloria repatriavit.	Joh. D. p. 19 o.: Prelibatus quidem Ursus dux adversus Dommagoum, Sclavorum principem, cum navali expedictione properavit. Sed cernente eo Veneticorum multitudinem, proibuit pugnam, pacem requisivit. Deinde acceptis obsidibus dux ad Venetiam repedavit.

Dies sind nun freilich Aenderungen, die nicht eben
viel zu bedeuten haben, aber daneben finden sich auch
wichtigere, bedenklichere. Sie bestehen theils in Kürzungen,
theils in wirklichen Veränderungen von Seiten Dandolo's,
und man möchte sie in bewusste und unbewusste scheiden,
wenn nicht die Linie, welche beide trennt, oft eine gar zu
feine wäre. Dandolo berichtet z. B. col. 164 BC von den
Differenzen unter den Söhnen des Dogen Agnellus Participazio, unter dessen Dukat der Regierungssitz nach dem
Rialto verlegt wurde. Er erzählt, dass dessen Sohn Johann
zuerst der Mitregent des Vaters gewesen, dann aber vor
dem aus Byzanz zurückkehrenden Bruder Justinian habe
zurücktreten und nach Jadra in die Verbannung gehen
müssen. Johann sei dann von Dalmatien zu Kaiser Ludwig
(dem Frommen) nach Bergamo gegangen, von diesem
gnädig aufgenommen, aber schliesslich dem Vater auf
dessen Bitten ausgeliefert worden. Der ganze Hergang
ist aus Johannes ausgeschrieben, aber dieser weiss nichts
von der guten Aufnahme und namentlich nichts von dem
Aufenthalt des Kaisers zu Bergamo, und von einem solchen
- dies ist das Entscheidende — wissen auch andere,
kompetente, deutsche Quellen nichts. Ludwig der Fromme

war in jenen Jahren 815 bis 818 etwa — gar nicht in Italien. [1]) Die Entstehung des Fehlers zeigt folgende Parallele:

Dand. col. 164 B: — — Tunc Joannes de Dalmatia iter arripiens ad Ludovicum, qui in Bergamo erat, perrexit, quem Imperator grate (M₁) suscepit, et Patri, ut petierat, remisit.

Joh. D. p. 15 u.: — factum est, ut Johannes — — fuga lapsus primum Sclaveniam, deinde ad Italiam ad Bergami civitatem pervenit. Interea pater et frater hoc audientes, miserunt nuncios imperatori Ludovico, efflagitantes ut sibi redderet filium fuga lapsum. Imperator vero libenter illorum precibus obtemperans, reddidit sibi fugitivum.

Bei dem Krieg mit den Saracenen unter dem Dogen Peter Trundonico um das Jahr 840 verschweigt Dandolo (col. 175 D), dass die Saracenen nach Einäscherung von Ankona noch weiter nördlich zogen bis zum »portus Adrianensis«, wie Johannes Diakonus (pag. 17 u.) ausführlicher meldet. Ebenso verschweigt Dandolo, dass der Leichnam des im Kampf mit den Slaven (den Narentanern) getödteten Dogen Peter Candiano (887) den Slaven in die Hände fiel, was man doch aus den Worten des Johannes wird folgern müssen: pag. 22 o.: Cuius corpus Andreas tribunus latenter a Sclavis sublatum Gradensem urbem misit, ibique sepultus est in atrio ecclesiae. Dandolo, dessen sonstiger Bericht über diesen Dogen fast wörtlich aus Johannes entnommen ist, sagt col. 192 B: Cuius corpus Andreas tribunus surripiens in atrio Ecclesiae Gradensis postea sepelivit.

---

1 cf. Jahrbücher des deutschen Reiches unter Ludwig dem Frommen von B. Simson.

Von Wichtigkeit ist auch folgende Aenderung. Johannes bezeichnet (pag. 14 u.) den bekannten Angriff König Pipins auf die Venetianer als Bruch des Vertrags, der zwischen diesen und dem König Italiens seit Alters bestanden: »Interea foedus quod Veneticorum populus olym cum Italico rege habebat, illo tempore, Pipino agente rege, disruptum est et hisdem rex ingentem exercitum Langobardorum ad Veneticorum provinciam capiendam promovit.«

Bei Dandolo lautet die Stelle so: col. 158 B: Anno octavo Caroli Pipinus Rex Italiae jussione genitoris alectus (M1), rupto foedere, cum exercitu ad Venetiae Provinciam subjugandam per litora venit. Dadurch wird nun aber undeutlich, welches «foedus» denn gebrochen worden. Col. 155 E gebraucht Dandolo ebenfalls die Worte «abiecto foedere» bei der Zerstörung der Stadt Herakliana durch Pipin — ohne weiteren Zusatz. Eigentlich muss man beide Male annehmen, dass Dandolo das Bündniss Karls des Grossen mit dem griechischen Kaiser Nicephorus im Auge hat; denn diess erwähnt er unmittelbar vor der zuletzt angeführten Stelle, col. 155 B, wo er sagt, dass Karl die am Meere gelegenen Städte Dalmatiens dem griechischen Kaiser überlassen habe »ob — junctum cum eo foedus«. Vielleicht hat Dandolo das Vorgehen Karls und Pipins für einen doppelten Vertragsbruch angesehen, was eigentlich nicht unrichtig ist; vielleicht wollte er absichtlich die Stelle im Dunkeln lassen.

Unter dem von Johannes betonten Bündniss des venetianischen Volkes mit dem König von Italien ist wohl der von dem ersten Dogen Paulucius mit dem Longobardenkönig Liutprand abgeschlossene Vertrag verstanden. Ueber diesen Vorgang selbst differiren die Berichte Dandolo's und Johannes in einem wichtigen Punkte; ich schicke zunächst beide voraus:

Dand. col. 130 C: Hic Pau- lutius Dux amicitiam cum	Joh. D. p. 11 m.: Cum Liu- prando vero rege incon-

Liutprando Rege contraxit, et pacta inter Venetos et Longobardos fecit, per quae sibi et Populo suo immunitates plurimas acquisivit, et fines Heracliae cum Marcello Magistro militum terminavit, videlicet a Plava majore usque in Plavam siccam sive Plavixellam (M₁ Plaviselam).

vulsae pacis vinculum confirmavit, apud quem pacti statuta, quae nunc inter Veneticorum et Langobardorum populum manent, impetravit. Fines etiam Civitatis novae, quae actenus a Veneticis possidentur, iste cum eodem rege instituit, id est a Plave maiore secundum quod designata loca discernuntur usque in Plauisellam.

Man sieht, es handelt sich hier um zweierlei: einmal um Verträge zwischen den Venetianern und den Longobarden, worin den ersteren, wie Dandolo noch besonders hervorhebt, verschiedene Immunitäten bewilligt wurden, und zweitens um eine Grenzbestimmung. Die Grenzen des neuen Staates geben Beide übereinstimmend an, aber nach Johannes ist es der König Liutprand, mit welchem dieselben festgesetzt werden, nach Dandolo der Magister Militum Marcellus.

Die neueren Bearbeiter der venetianischen Geschichte, wie z. B. Romanin[1]), gehen stillschweigend über diese Differenz hinweg und lassen meistens, der Version des Johannes entsprechend, den Grenzvertrag zwischen dem Longobardenkönig und dem Dogen abgeschlossen werden, ohne des Magister militum Erwähnung zu thun[2]). Diess muss dem positiven Zeugniss Dandolo's gegenüber als Fehler bezeichnet werden, umsomehr als Dandolo auch an anderen Stellen, wo er von jenem Grenzvertrag spricht, des Magister militum Marcellus gedenkt; so col. 140 C: Hic rex (i. e.

---

1 Storia document. t. 1 p. 106.

2) Etwas vorsichtiger drückt sich der alte Lebret aus (l. c. t. 1, 1, pag. 94): ... es glückte ihm (dem Dogen) die Gränzen seines Staates von den longobardischen Gegenden abzusondern.

Aistulphus) terminos Heraclianae Civitatis designatos tempore Paulicionis Ducis et Marcelli Magistri Militum integraliter confirmavit. Und noch mehr: in allen Urkunden, welche in der Folge die römischen Kaiser (als Könige von Italien) den Dogen zur Bestätigung der alten Privilegien verliehen, ist die Rede von der Grenzbestimmung, welche getroffen wurde zur Zeit des Königs Liutprand zwischen dem Dogen Paulucius und dem Magister militum Marcellus »terminatio quae facta est (a) tempore Liutprandi Regis inter Paulucionem Ducem et Marcellum Magistrum Militum« (cf. Dand. col. 224 D; Stumpf Acta Imperii adhuc inedita No. 30, 101, 125). Was aber ist das für ein Magister militum? Kohlschütter (l. c. p. 79) meint, der des Königs Liutprand. Aber wir treffen keinen Magister militum bei den Longobarden, hingegen wohl bei den Griechen: es war eine römisch-byzantinische Institution, die sich in den meisten Provinzen Italiens findet, welche im 7. und 8. Jahrhundert die griechische Oberherrschaft anerkannten. [1] So war diess also auch in Venedig oder richtiger in dem kleinen venetianischen Inselstaat der Fall? Wie ich glaube, allerdings — und unsere Stelle scheint mir ein entschiedener Beleg für diese Ansicht zu sein. Bezeichnet ja Dandolo selbst die nach der Ermordung des dritten Dogen eingesetzten Magistri militum als eine Institution griechischen Ursprungs. Gfrörer, dessen Buch [2] neben sehr vielen äusserst gewagten Kombinationen [3] doch auch manchmal richtige Andeutungen enthält, legt sich unsere Stelle so zurecht [4], dass »jener Grenzvertrag zwischen Venetien und dem Lombardenkönig Liutprand von dem Herzoge Pauluzzo in Gemeinschaft mit Marcellus, welcher damals

---

1) cf. Hegel: Gesch. der Städteverfassung von Italien Bd. I pag. 221 ff.
2) Byzantinische Geschichten I. herausgegeben von Weiss, Graz 1872
3) Diese im Einzelnen zu widerlegen, ist hier nicht der Platz.
4) p. 48.

magister militum gewesen, — das heisst den Heerbefehl gehabt — abgeschlossen worden sei«. Diese Erklärung trifft meiner Meinung nach ebenfalls nicht das Richtige. Ich muss daran fest halten, dass es in den Urkunden heisst »zwischen dem Dogen und dem Magister militum zur Zeit Liutprands« und schlage folgende Lösung vor. Als die Bewohner der Inseln und Küstenstriche des damaligen Venetiens, die dem griechischen Reiche durch die Longobarden drohende Gefahr benützend und aus was sonst immer für Gründen, sich in einem dux ein eigenes, unmittelbares Oberhaupt gaben und ein eigenes Gemeinwesen begründeten, da hat der griechische Kaiser dem dux durch den Magister militum ein kleines Gebiet zugetheilt und dieses hat dann später der siegreich vordringende Longobardenkönig Liutprand bestätigt. Dasselbe besagen wohl diese Worte in einer bei Kohlschütter (l. c. p. 85) mitgetheilten Urkunde vom 25. März 996: — — exempla praecepti et confirmationis secundum pactum, quod dominus Liutprandus rex in tempore Paulucionis ducis et Marcelli magistri militum ipsis confirmavit — — Und so können wir die besprochene Stelle zugleich wohl als ein Beispiel dafür hinstellen, dass, wie für diese ältere Zeit Johannes oft zu Dandolo, so auch umgekehrt dieser zu jenem als Ergänzung treten muss.

Weiter müssen einige kleinere Differenzen erwähnt werden, die sich zwischen Dandolo's Annalen und deren Vorlage, der Chronik des Johannes, finden. Die Pest (pestilentia), die nach Johannes (pag. 36 u.) 1007 in Venedig, wie anderswo, wüthete, ist bei Dandolo in eine Hungersnoth (fames) verwandelt (col. 234 A)[1]. — Als Beweggrund, warum der Doge Ursus Participazio (864—881) nach einem siegreichen Kampfe mit den Slaven die gemachten Gefangenen frei entlassen, gibt Johannes den Um-

1 im Anschluss an Paulinus c 221 p. 3.

stand an p. 20 m. ., dass der Doge durch die Unterstützung
des Himmels den Sieg erfochten habe »quoniam hisdem
princeps celitus victoriam consecutus . Dandolo dagegen
wohl richtiger einen früher zwischen den Venetianern und
Slaven abgeschlossenen Vertrag .col. 186 C propter foedus
quod cum Sclavis habebat. cf. col. 182 C . . . pacem
composuit . . . = Joh. p. 19 o.. — Von dem schon oben
erwähnten Johannes. dem Sohne des Dogen Agnellus
Participazio. der durch die Ränke seines Bruders Justinian
vertrieben worden war. meldet Johannes Diakonus p. 16 m.
dass er aus seiner zweiten Verbannung in Konstantinopel
nach Venedig zurückgekehrt und daselbst unter Einwilligung
seines Bruders Mit-Doge geworden sei. Bei Dandolo aber ist
es der Bruder. Justinian. selbst. der den Verbannten zurück-
ruft. und. von Krankheit befallen. ohne Erben. ihm die
Mitregierung und Nachfolge. übertragen lässt (col. 172 A:
Justinianus — fratrem — revocavit: et morbo confectus.
non habens heredes. eum sibi consortem. et successorem
decerni comprobavit'. — Die Regierung dieses Johannes
war keine glückliche. Nach einigen Jahren wurde er von
einem Usurpator Carosus vertrieben und musste nach dem
Frankenreich fliehen. Der Usurpator sollte sich seiner
Macht jedoch nicht lange erfreuen: schon nach sechs
Monaten wurde er gestürzt und nun erwählten die Venetianer drei Rektoren (rectores): wie Dandolo angibt. die
später wirklich erfolgte Rückkehr des Dogen Johannes
erwartend. nach Johannes Diakonus aber wollten sie zunächst keinen Dogen mehr erwählen. nahmen jedoch den
alten Dogen später wieder auf p. 17 o. Dehinc neminem
ducem constituere maluerunt. sed eo carente — — diiudi-
cabantur. Tunc dominus Joh. dux reversus est: quem
Venetici promte suscipientes ducatum sibi restituere sata-
gerunt . — Bei der Erzählung der Ereignisse am Anfang
des 9. Jahrhunderts differiren beide Schriftsteller in folgenden
Punkten. Von den Dogen Johannes und Mauritius. die

durch eine Verschwörung vertrieben wurden, berichtet
Johannes Diakonus, dass sie so lange im fränkischen Reiche
verweilten, dass keiner von ihnen nach Venedig zurückgekehrt sei (p. 14 o.); Dandolo hingegen, dass ihnen die
Erlaubniss dazu verweigert worden sei (col. 153 C repa-
triandi licentia denegata). -- Ferner gedenkt Johannes einer
zweimaligen Zerstörung des früheren Regierungssitzes
Herakliana durch die Venetianer, Dandolo einer einzigen.
Die erste erwähnt Johannes sogleich nach der Erhebung
des Obelierius und seines Bruders Beatus auf den Dogen-
stuhl (804): p. 14 o. Hac etiam tempestate Civitas nova,
que vocatur Eracliana, a Veneticis destructa est; die zweite
später, etwa zum Jahre 807 oder 808: p. 14 u. Eodem quoque
tempore civitas Eracliana a Veneticis iterum devastata et
igne combusta est. Bei Dandolo fällt die Zerstörung in
das Jahr 807; denn vorher wird die dreifache Mondsfinster-
niss dieses Jahres erwähnt (col. 155 D)[1]) und dann so fort-
gefahren: Per idem tempus Heracliana Civitas, de qua
fugati Duces originem duxerant, in eorum odium et con-
temptum, a Venetis in solitudinem redacta est.

Ferner weiss Johannes von einer Expedition der Venetianer nach Dalmatien gleich nach der ersten Zerstörung
von Herakliana: p 14 o. Deinde predicti duces navalem
exercitum ad Dalmaciarum provinciam depopulandam de-
stinaverunt. Bei Dandolo aber erscheint sie als Hülfeleistung der Venetianer für die Griechen um das Jahr 807:
col. 157 C: Post haec Nicetas Patricius cum exercitu ad
tuenda loca Dalmatiae venit, et succursum bellicum a Venetis requisitum obtinuit. Dieser Nicetas nahm bei seiner
Rückkehr nach Byzanz »venetianische Geisseln mit und den
Bischof Christophorus von Olivolo und den Tribun Felix.
Quos augustus exilio dampnavit« — so Johannes p. 14 u.
Von den Geisseln schweigt Dandolo ganz, nur die beiden

---

1) cf. Einhardi annales ad a. 807.

Anderen nennt er und sagt: quos Veneti relegaverant, quia
Francorum genti adhaerere videbantur.

Eine wichtige Rolle spielte bei den Ereignissen jener
Zeit der Patriarch Fortunatus von Grado. Die Ermordung
seines Vorgängers und Verwandten durch die beiden Dogen
Johannes und Mauricius hatte den Anlass zur Verschwörung
gegen dieselben gegeben. Als diese ruchbar wurde, ent-
floh Fortunatus in das fränkische Reich und blieb dort
mehrere Jahre. Dann gelang es ihm, die Venetianer
wieder für sich zu gewinnen, und war nach Johannes
(p. 14 m.) eben im Begriffe nach Grado zurückzukehren,
als eine griechische Flotte unter dem Patricius Nicetas
nahte (Gradensem disposuit reciprocare urbem); nach
Dandolo (col. 157 E) ist Fortunatus wirklich nach Grado
zu seiner Kirche zurückgekehrt. Seine Flucht vor Nicetas
und seine Rückkehr nach dem zwischen Kaiser Karl und
Nicephorus geschlossenen Frieden erzählen beide Schriftsteller übereinstimmend. Fortunatus aber, so fährt Johannes
p. 16 o. fort, besuchte wiederholt das Frankenland
gegen den Willen der Venetianer, die ihn denn schliesslich wieder absetzten, worauf er mit griechischen Gesandten nach dem fränkischen Reich zurückgekehrt und
dort bald darauf gestorben sei. (Fortunatus quidem patriarcha cum non sedule in sua vellet degere sede, sed
contra Veneticorum voluntatem sepissime Franciam repetebat, et quia hoc amodo ducibus displicebat, pepulerunt
illum a sede .... Antedictus quidem Fortunatus patriarcha propria sede amissa, secundum quod diximus Franciam cum Grecorum missis repetebat. Ibique aliquamdiu
moratus, diem finivit extremum). Dandolo aber lässt den
unruhigen Patriarchen noch zweimal abgesetzt werden:
col. 161 D post modicum contra voluntatem Venetorum
in Franciam remeavit, in cujus Sede Joannes — intrusus
est; col. 165 A Subsequenter Fortunatus cum Venetis
pacificatus propriam Sedem recuperavit . . . ; col. 168 C

Hoc tempore Veneti adversus Patriarcham Fortunatum denuo concitati, cum de Patria expulerunt. Per Fortun. itaque Patriarcham et Legatos suos Michael ... mittit Ludovico ... Fortunatus vero Patriarcha post modicum tempus in Francia defunctus est ...

Nun wissen wir aber aus anderen Quellen über die letzten Schicksale des Mannes noch ganz andere Dinge [1]); wir wissen, dass er mit dem Slavenfürsten Liudewit gegen den fränkischen Herrscher konspirirend nach dem griechischen Dalmatien floh und von da nach Byzanz gebracht wurde. Hier sieht sich nun Simson zu folgender Bemerkung veranlasst:

»Der Diakonus Johannes, dessen Darstellung überhaupt ziemlich verworren ist, vermengt hiermit wohl die frühere Vertreibung Fortunats, indem er erzählt: Fortunatus etc. (cf. oben.) Es scheint überhaupt, dass Dandolo die nämliche Quelle benutzt, wie der mehrere Jahrhunderte ältere Johannes und den Inhalt desselben (?) vollständiger wiedergibt. Seine Erzählung ist um vieles klarer.«

Da auch Andere, wie Foscarini und besonders Gfrörer — wenn auch nicht gerade bei diesem Kapitel der venetianischen Geschichte — eine ähnliche Behauptung von der Benutzung einer älteren, gemeinschaftlichen Quelle aufgestellt haben, muss ich einen Augenblick bei dieser Ansicht verweilen, die mir freilich eine irrige zu sein scheint. Zunächst muss ich Simson gegenüber bestreiten, dass Dandolo's Erzählung hier wirklich durch eine grössere Klarheit sich auszeichne. Ueber die Theilnahme des Patriarchen an der Liudewit'schen Verschwörung finden wir bei ihm ebenfalls nichts; nur über die Mission von Seiten des griechischen Kaisers gibt er einen ausführlicheren Bericht, den er jedoch fast wörtlich aus Paulinus entnommen hat. Jene doppelte Vertreibung aber des Fortunatus, wie auch die anderen angeführten Differenzen

---

1) cf. Simson: Jahrbücher etc. pag. 174 ff.

möchte ich viel lieber auf die nicht immer richtige Inter-
pretations- und Kombinationsthätigkeit Dandolo's, von der
wir ja einige Proben gesehen, zurückführen als auf eine
gemeinsame Quelle. Das soll jedoch nicht geleugnet
werden, dass Dandolo neben dem Johannes Diakonus
(und den anderen unten zu nennenden Quellen) möglicher
Weise noch andere, vielleicht ausser-venetianische Quellen
vor sich gehabt haben kann, namentlich für die zuletzt besprochene Zeit der Kämpfe mit den Franken. Dieselben
waren für den Inselstaat von solcher Bedeutung, dass es
recht gut denkbar ist, dass Ueberlieferungen zum Theil
mit mythischem Beiwerk wie das 8. Buch des Chron. Altinate, in grösserer Zahl entstanden sind.

Gfrörer sucht die Benutzung einer gemeinsamen Quelle,
und zwar eines alten Dogenverzeichnisses mit beigefügten
Bemerkungen, von Seite Dandolo's und Johannes namentlich an folgendem Passus zu erweisen [1]). Bei dem Dogen
Peter III Candiano bemerkt Johannes (p. 25 o.): «Post
filii quidem eiectionem non plus quam duobus mensibus
et 14 diebus vixisse fertur.« Bei Muratori steht derselbe
Passus (col. 206 A) nur mit der Aenderung »Post f. q.
creationem . . .«; wie ich aber schon früher erwähnt
habe, enthält Cod. M1 (und andere Codices) ebenfalls die
Lesart »eiectionem«, so dass die Benutzung des Johannes
auch für diese Stelle deutlich ist.

Ich habe oben (p. 63) zwei Stellen notirt, wo Dandolo
von »authenticis« und »segregatis scripturis« spricht, und
habe es als zweifelhaft hingestellt, ob sich diese Ausdrücke
auf Johannes beziehen. Sehen wir näher zu. Das erste Mal
beruft sich Dandolo (col. 198 A) auf die »authenticae
scripturae« gegen die, welche den Dogen Peter
Tribunus (888—912) als einen schlechten Herrscher geschildert und berichtet hätten, er sei ·vom Volke ermordet

---

1) l. c. p. 258.

worden (Chron. Altinate). Dandolo nennt den Dogen vielmehr weise und friedfertig, einen Mann voll Güte (col. 192
E vir omni bonitate plenus); der den Staat trefflich (benigne)
geleitet habe, und dessen Tod von den Venetianern tief
betrauert worden sei (col. 198 B De cujus morte Veneti
plurimum condoluerunt). Vergleichen wir damit den Bericht des Johannes, so finden wir fast die nämlichen Worte
(p. 22 u.): de cujus funere non modice Venetici condoluerunt, quoniam plenus omni bonitate honorifice rexit ducatum. — Auch die von Dandolo erwähnten Ereignisse
aus der Regierungszeit dieses Dogen berichtet Johannes
fast wörtlich ebenso; nur zwei Privilegien (col. 193 C und
195 D) — eines dem Dogen, das andere von ihm verliehen — führt Dandolo an, die bei Johannes fehlen. Auf
sie und auf Johannes wird man also doch jenen Ausdruck
»auth. scr.« zu beziehen haben; jedenfalls können wir
überzeugt sein, dass, selbst wenn Dandolo noch andere
Quellen im Auge hatte, sie nichts wesentlich Anderes enthielten als die uns heute vorliegenden.

Und ebenso verhält es sich mit dem zweiten Ausdruck
»segreg. scr.«, der bei dem Dogen Peter I Orseolo
(976—978) gebraucht ist: col. 214 E: »Haec Venetorum
segregatae scripturae de hujus Ducis vita innuere videntur«·
Das ganze Leben, die ganze Regierung dieses Dogen erzählt Dandolo nach Johannes und meist mit dessen eigenen
Worten. Mehr hat er nur Folgendes: erstens das
Datum der Wahl des Dogen (12. August), welches Dandolo aus dem auch bei Johannes angegebenen Datum der
heimlichen Entfernung des Dogen (prima nocte diei Kalenda-
rum Septembris) unter Hinzunahme der Regierungsdauer des
Dogen (2 Jahre 20 Tage; Chron. Altin. und Pertz p. 38 o.)
berechnet haben dürfte. Ferner fehlt bei Johannes die Notiz
dass der Doge den Leichnam des Evangelisten Markus
insgeheim in der von ihm wieder aufgebauten Kapelle des
Dogen niedergelegt habe (col. 212 D) und dass derselbe

Doge nicht ferne von seinem Palaste ein Hospital »quod
hodie Sancti Marci nuncupatur« errichtet habe — worüber
Dandolo vielleicht urkundliche Aufzeichnungen zu Gebote
standen. Eben solche benutzte Dandolo für den Bericht
über einen Vergleich, der zwischen dem Dogen und der
Wittwe seines Vorgängers, Waldrade, und ferner über
einen anderen, der zwischen den Venetianern und dem
Grafen Sicard und den Bewohnern von Justinopolis geschlossen wurde (col. 212 E; 213). Der ganze Passus
»Haec — videntur« scheint nur den Schlussatz für die aus
diesen venetianischen (allerdings nicht Jedermann zu-
gänglichen) Quellen geschöpfte Darstellung Dandolo's bilden
zu sollen, welcher sodann der Bericht eines Anderen, des
Petrus Damiani, über diesen Dogen gegenüber gestellt
wird, worauf Dandolo noch eine alte Legende anführt[1]).
Bekanntlich hat Peter I Orseolo die Regierung deshalb
niedergelegt, um sich in das Kloster des hl. Michael zu
Cusano in Südfrankreich bei Perpignan zurückzuziehen.
Die erwähnte Legende hat Dandolo wohl von einem der
Vielen, welche das Grabmal des heilig gesprochenen Dogen
besuchten, erhalten (cf. col. 217 C).

Endlich möchte ich noch darauf hinweisen, dass Johannes bei dem Dogen Peter IV Candiano (959—976) bemerkt, er könne alle seine Thaten nicht erzählen und wolle
nur noch von dessen Ausgang berichten (p. 25 m.). Nimmt
man aber aus der Erzählung Dandolo's die Nachrichten
hinweg, welche auf urkundliches Material zurückgehen, so
bleibt keine Notiz übrig, die sich nicht auch bei Johannes

---

1) Nach Guido Grandi: Vita del Glorioso Principe S. Pietro Orsolo
Venedig 1733 p. 100 Anm. 11 ist diese von Dandolo benützte Legende
die von Grandi bezeichnete »Vita del Camaldolese«, die im Archiv von
Cusano erhalten sei; er citirt dafür einen Codex »della Libreria del sacro
Eremo di Camaldoli segnato col. num. 155« sec. XII oder XIII. Viel-
leicht, sagt er ausserdem, hat Dandolo aus dieser Legende auch den
Bericht des Damiani entlehnt.

fände — wohl ein sprechender Beweis dafür dass, wie wir behauptet haben, die Chronik des Johannes Diakonus die Hauptquelle Dandolo's für den öfters angegebenen Zeitraum und für den oben bezeichneten Kreis von Nachrichten ist.

Hingegen ist sie es nicht für die Chronologie der ersten Zeit und nicht für die Vorgeschichte Venedigs vor der Wahl des ersten Dogen. Die kolossale chronologische Verwirrung in der Chronik des Johannes, vorzugsweise für die ersten beiden Jahrhunderte seit Begründung des Dukats haben schon Andere gerügt; ich brauche darauf nicht einzugehen. Dandolo hat seine im Ganzen richtigen Zeitbestimmungen entweder aus eigenen Berechnungen oder aus guten Dogenverzeichnissen geschöpft, aus welchen vielleicht auch die sehr kurzen Charakteristiken der ersten Dogen stammen, die bei Johannes nicht zu finden sind. Dass Johannes für die Vorgeschichte — um mich kurz so auszudrücken — nicht Dandolo's Quelle war, geht schon daraus hervor, dass Johannes die Gründung Venedigs auf den Einfall der Longobarden zurückfuhrt, Dandolo aber — im Anschluss an andere Autoren — auf die Zeit Attila's. Nur bei der Begründung des Bisthums von Caprulae (col. 110 A), der Erbauung der Stadt Heraklea (col. 115 E) finden sich Anklänge zwischen Dandolo und Johannes Diakonus (p. 5 u.) — aber auch einige Differenzen, die auf eine andere Quelle Dandolo's schliessen lassen.

Eine allgemeine Bemerkung, die sich mir aus den bisherigen Erörterungen zu ergeben scheint, sei mir noch er, laubt, hier einzuschalten. Wir haben gesehen, dass Dandolo seiner Vorlage allerdings meist sklavisch folgt und sie wörtlich ausschreibt, bisweilen aber auch sie willkürlich — mehr oder weniger — ändert und dadurch zu unrichtigen Nachrichten geführt wird; manchmal hinwiederum verbessert er die Fehler seiner Vorlage. Und so lässt sich eigentlich nicht erkennen, dass Dandolo bei der

Benützung seiner Quellen immer ganz genau ein bestimmtes
Princip inne gehalten hätte. Die weitere Untersuchung
wird uns hiefür noch mehrere Belege bieten.

Das Chronicon Altinate.

Unter allen venetianischen Geschichtsquellen des
Mittelalters bietet sicherlich keine grössere Schwierigkeiten
als das Chronicon Altinate, dessen wir bereits öfters Erwähnung gethan haben. Es ist unter diesem — meines
Bedünkens unrichtigen — Namen, den wir aber, da er
sich einmal eingebürgert hat, beibehalten wollen, eine
ziemlich bunte Masse von Chroniken, Chroniken-Fragmenten,
Verzeichnissen verschiedensten Alters vereinigt, welche bisher nach zwei Handschriften veröffentlicht worden sind:
zuerst nach der Handschrift des Seminario patriarcale zu
Venedig im Archivio Storico Italiano t. VIII (Cod. S) und
dann nach der in der k. Bibliothek zu Dresden befindlichen
im Appendice des A. St. I. t. V (Cod. D). Man kann
dem Herausgeber einen doppelten Vorwurf nicht ersparen:
erstens den, dass er sich bei der Entzifferung des Textes
eine ziemliche Anzahl von Irrthümern hat zu Schulden
kommen lassen, und zweitens, dass er in den beigefügten
Bemerkungen auf die wirklich kritischen Fragen, an
denen es wahrlich nicht fehlt, gar nicht eingegangen
ist. Unterstützt durch die theilweise Vergleichung der
beiden genannten Handschriften und durch die Heranziehung der vielleicht ältesten Handschrift in der Vatikana
(Cod. V) no. 5273 gedenke ich meine Ansichten über
das Chronicon Altinate an anderem Orte zu entwickeln;
hier muss ich mich, um nicht den Gang der eigentlichen
Untersuchung durch eine andere allzusehr aufzuhalten, auf
wenige Bemerkungen beschränken.

Den ursprünglichen Kern des Chron. Alt. bilden diejenigen Partieen, welche sich in allen drei Handschriften

finden und — der barbarischen Sprache nach zu schliessen
— von einem Verfasser herrühren und in ihrer ersten
Anlage in die erste Hälfte des 10. Jahrhunderts zu setzen
sein dürften. Es -sind folgende und zwar nach Cod. V in
dieser Reihenfolge:

1) Verzeichniss der Patriarchen von Grado (fol. 13
   —14ᵃ = D pag. 62—64).

2) Verzeichniss der Bischöfe von Torcello (fol. 14ᵈ
   —16ᵇ = D pag. 65—66).

3) Verzeichniss der Bischöfe von Olivolo (fol. 16ᵇ—
   20ᶜ = D pag. 67—72).

4) Verzeichniss der am Anfang des 9. Jahrhunderts
   nach dem Rialto übergesiedelten venetianischen
   Familien, und ihrer Stiftungen von Kirchen und
   Klöstern (fol. 20ᶜ—31ᵇ = D pag. 103—107).

5) Eine verworrene Erzählung von der Gründung
   Grado's und der Einrichtung des dortigen Patriarchats, sowie von der Vertheilung des Landes
   unter die Tribunen und im Anschluss daran eine
   Schilderung des Lebens der alten Venetianer (fol.
   31ᵇ—39ᶜ = D pag. 86—94).   -

6) Die Geschichte der Zerstörung von Altino und der
   Verlegung des Bisthums nach Torcello, darauf
   nochmals die Gründung des Patriarchats von Grado
   (fol. 39ᶜ—53ᵃ = D pag. 72—86): dieses Stück ist
   die Grundlage für das oben besprochene Chronicon
   Gradense.

7) Die Erzählung von Longinus und Narses und über
   ihr Verhältniss zu Venedig (fol. 55ᶜ—65ᵃ = D
   pag. 107—118).

Die Reihe der Dogen und der byzantinischen Kaiser,
die ebenfalls in den drei Handschriften aufgeführt werden,
unterscheidet sich von den bezeichneten Partieen durch
eine bessere Latinität; die mythische Erzählung von den
Kämpfen Karls des Grossen mit den Venetianern fehlt in

Cod. D und gehört einer etwas späteren Zeit, etwa der zweiten Hälfte des 11. Jahrhunderts an, wo auch die erstgenannten Listen der Patriarchen und Bischöfe fortgesetzt wurden. Dies geschah dann jedenfalls nochmals zu Beginn des 13. Jahrhunderts, wo in den einzelnen Handschriften noch verschiedene Stücke zugesetzt sind.

Fragen wir nun, welche Handschriften des Chron. Altinate Dandolo benützt habe, so ist zunächst an die des Sem. patr. zu denken. Denn die Reihe der Dogen ist in diesem Codex S von späterer Hand eben bis zu Andreas Dandolo incl. fortgeführt; ferner hat Dandolo die Vorrede zu dem jetzigen 5. Buche des Chron. Altinate, wie ich unten zeigen werde (cf. p. 97), sicher für die Vorrede zu seiner eigenen kleinen Chronik (Recension A) benützt. Doch ist Cod. S bei seinen mancherlei Lücken nicht ausreichend; ähnlich ist es mit Cod. V und D.

Von den oben bezeichneten ältesten, meist sagenhaften Particen des Chron. Altin. hat unser Autor nur mässigen Gebrauch gemacht. Das ganze Stück No. 7 hat er nur an zwei Stellen verwerthet: das eine Mal (col. 98 C), wo er kurz erzählt, der kaiserliche Präfekt Longinus sei bei seiner Rückkehr nach Konstantinopel nach dem Rialto gekommen, dort in gebührender Weise aufgenommen worden und habe dann dem Kaiser die Ergebenheit der Venetianer gegen denselben auf's wärmste gepriesen; das andere Mal (col. 92 D), wo er von der Errichtung zweier Kirchen auf dem Rialto durch Narses spricht. — No. 6 hat er in der überarbeiteten Gestalt des Chronicon Gradense benützt (cf. oben); aus No. 5 scheint er die Notiz entlehnt zu haben (col. 103 B), dass der Patriarch Helias einen Tempel der Heiden zu Ehren Bethel's (!) in ein Nonnenkloster zu Ehren des Apostels Peter verwandelt habe; doch scheint er hier seine Quelle missverstanden zu haben, denn in derselben wird der Tempel zu einer Kirche des Märtyrers Julianus umgewandelt und nur in der Nähe jenes Kloster errichtet.

Aus dem gleichen Stück (No. 5) stammen vielleicht Dandolo's Angaben über die Nationalität der ältesten Patriarchen von Aquileja bis in die Mitte des 6. Jahrhunderts; auch die Jahre ihrer Amtsführung stimmen mit einer einzigen Ausnahme (col. 75 B) überein bis zu Stephan excl. (col. 84 B). Doch reicht diese Quelle für die Nachrichten Dandolo's über die älteste Geschichte von Aquileja nicht aus; es ist wahrscheinlich, dass er hiefür entweder noch eine andere oder überhaupt eine umfassendere Quelle benützt hat, auf welche möglicherweise auch der genannte Theil des Chron. Altin. zurückgeht.

Sicher dürfen wir annehmen, dass die Namen der Geschlechter (col. 156), welche am Anfang des 9. Jahrhunderts nach dem neuen Regierungssitz auf dem Rialto übersiedelten, aus dem Chron. Altin. (No. 4 oben) ausgeschrieben sind, und dass Dandolo unter den »Historiographi quidam cladem Heraclianae Urbis describentes« eben jene Particen des Chron. Alt. verstanden hat. Unser Cod. M₁ hat uns hier zum grossen Theil die alten Namen überliefert und diese stimmen mit den verbesserten Texten des Chron. Alt. viel genauer überein, als dies jetzt in der Ausgabe von Muratori der Fall ist. Zuerst werden die Familien aufgezählt, welche von dem zerstörten Heraklea auswanderten, dann diejenigen, welche aus Equilum (Iesulo)[1] nach dem Rialto hinwegzogen. Eine kleine Unterlassungssünde hat sich Dandolo dadurch zu Schulden kommen lassen, dass er eine Anzahl von Geschlechtern, welche nach dem Chron. Alt. aus Padua auswanderten (t. VIII, p. 95 und t. V, p. 106), ohne dies zu erwähnen, an diejenigen anschliesst, welche aus Heraklea übersiedelten (col. 156 C Trodocus sive Triuisano — Daspinales).

Die Stiftung einiger Kirchen durch alte Venetianer-Geschlechter hat unser Autor wohl ebenfalls auf Grund

---

1) Statt »Aquilegienses« bei Muratori (col. 156 C) ist mit M₁ zu lesen »Equilenses«.

des genannten Verzeichnisses berichtet; vielleicht unter
Hinzunahme urkundlichen Materials, da er auch den Zeit-
punkt für die Errichtung oder Vollendung der Kirchen
anzugeben weiss, der im Chron. Altin. fehlt: So z. B. bei
der Erbauung der Kirche »S. Moysis Prophetae« wo die
beigefügten Worte (col. 149 C): »vineaque et praediis ab
eis (nämlich den betreffenden Familien) dotata pro salute
animarum suarum« das Chr. Alt. als Quelle deutlich
erkennen lassen, wofern man nicht annehmen will, dass
beide Berichte aus einer dritten Quelle, eben etwa aus
einer Urkunde geschöpft sind. Denn im Chr. Alt. heisst
es: (VIII, 83 und V, 97) »ibique est vinea, (et is S) circum-
davit (sic!) eam muro, et praedia multa dimisit ad salutem
animarum suarum«. — Aehnlich verhält es sich col. 76 D,
95 C, 169 D und E, 174 E, 179 B (pars 28), 234 C (pars 49).

Der Bischöfe von Torcello gedenkt Dandolo nur selten,
und wo dies geschieht, finden sich allerdings Anklänge an
das Verzeichniss im Chr. Alt. (No. 2 oben): so col. 206 D
über einen durch Bestechung erhobenen Bischof Mineus;
col. 185 D . . . Dominicum »filium Leonis Caloprini« . . .
und col. 116 B, 118 D, 127 D, wo die Namen der mitgetheilten Bischöfe denen des Chr. Alt. entsprechen, aber
keineswegs die Zeit, in welche sie versetzt werden. So
setzt Dandolo den Bischof Deusdedit in das Ende des
7. Jahrhunderts (col. 127 D), während das Chr. Alt. ihn
von Paulus, dem angeblich ersten Patriarchen von Grado,
consecrirt werden lässt, der in der Mitte des 6. Jahrhunderts
lebte. Freilich lässt das Chr. Alt. den ersten Bischof Maurus
(der bei Dandolo übrigens erst der zweite ist col. 116 B) »zur
Zeit der Kaiser Konstantin und Heraklius und des Dogen
Paulucius« — also im 7. Jahrhundert — erwählt werden und
den zweiten Bischof Julianus wieder im 6. Jahrh., so dass wir
Dandolo's Quelle in einem anderen Verzeichniss zu suchen
haben werden, wenn nicht vielleicht in dem Chron. Ven.
des Johannes Diakonus (pag. 10 o. und u.).

Was wir bei den Patriarchen von Aquileja und den
Bischöfen von Torcello zu sagen hatten, gilt auch von den
Patriarchen von Grado und den Bischöfen von Olivolo. Das
Verhältniss zwischen den Annalen und den bis jetzt bekannten Verzeichnissen im Chron. Alt. ist fortwährend ein
schwankendes. Die Angaben über Herkunft und Ab-
stammung der Patriarchen stimmen meist überein, aber bei
dem Patriarchen Venerius (col. 169 A) nennt Dandolo den
Vater »Basilius Transmundus«, das Chron. Alt. blos »Transmundus«. Desgleichen fehlen im Chron. Alt. die Charakteristiken einiger Patriarchen namentlich der früheren
Zeit. Die in den Annalen beigesetzten Jahre ihrer Amtsdauer
stimmen von der Mitte des 9. Jahrhunderts an theils mit
denen des Chron. Alt. zusammen, theils nicht; wie das
auch oben bei dem Chr. Grad. zu bemerken war. —
Andrerseits ist es auffallend und beachtenswerth, dass
von da an, wo im Chr. Alt. die Herkunft nicht mehr angegeben ist, sie auch bei Dandolo fehlt, und selbst die
Jahre werden seit dem 12. Jahrhundert in den Annalen
nicht mehr beigefügt. So liegt die Vermuthung nahe, dass
Dandolo entweder noch andere Handschriften des
Chr. Alt. oder auf dieses gegründete, zum Theil
ausführlichere Verzeichnisse benutzt hat[1]). Den
Angaben Dandolo's wird man immerhin Glauben schenken
dürfen; freilich muss man dabei den Codex M_1 zu Grund
legen. Bei Muratori (col. 251 B) ist z. B. zu lesen, dass
der Patriarch Petrus Baduario seinem Vorgänger im Jahre
1094 gefolgt sei, und daraufhin steht dieselbe Notiz auch
bei Ughelli (It. S. t. V col. 1119 B). Dem gegenüber hat

---

1) Ja, er deutet sogar selbst eine solche Quelle an (col. 195 B),
indem er von dem Patriarchen Dominikus erzählt, er sei der Sohn des
Dogen Peter Tribunus (888—912) gewesen (= Chr. Alt. VIII, 43 wo
statt »Vincentius« »Dominicus« zu lesen und V, 63), dann aber hinzufügt, »oder wie einige (quidam) berichten nur aus der Verwandtschaft
des Dogen«.

Flam. Cornelius in seinen »Ecclesiae Venetae« (Dec. IV p. 8)
und »Eccl. Torcellanae« (pars III p. 157) darauf hingewiesen, dass der genannte Patriarch schon vor 1094 urkundlich nachweisbar sei, so aus einem dem Kloster
S. Cyprian in Murano verliehenen Privileg aus dem
Jahre 1092, und hat daher Dandolo eines Fehlers be-
schuldigt. Nun steht aber in M₁ die genannte Zahl gar
nicht im eigentlichen Text, sondern über den darauf folgenden Worten »Quo tempore«, gehört also zu der folgenden Nachricht, welche die Erneuerung der alten Verträge Venedigs durch Kaiser Heinrich IV meldet, und
diese gehört in der That in das Jahr 1094, wie aus Stumpf:
Reichskanzler III, 3 No. 79 ersichtlich ist. Für die Erhebung jenes Patriarchen gibt somit unser Autor gar kein
bestimmtes Datum an.

Um auch für die Bischöfe von Olivolo das bereits geschil-
derte Verhältniss zwischen den Annalen und dem Chr. Alt.
zu beweisen, genügt es anzuführen, dass der zweite Bischof
Christophorus nach Dandolo bei seiner Erhebung 16 Jahre,
nach dem Chron. Alt. (das ihn übrigens als Bruder des
Präfekten Longinus von Ravenna bezeichnet!) 25 Jahre
alt war. Bei dem dritten Bischof, der ebenfalls Christophorus hiess, fehlt im Chron. Alt. die Zahl seiner Amtsjahre ganz, hingegen bei Dandolo der im Chron. Alt. als
sechster Bischof aufgeführte Johannes. Andrerseits aber
stimmen beide Berichte wiederholt fast wörtlich überein,
so über das Ende des nämlichen dritten Bischofs, über
den verheiratheten Bischof Dominikus (col. 198 E), über
den Bischof Marinus (col. 210 A) und so öfters.

Nicht unwichtig ist dies Verzeichniss der Bischöfe
von Olivolo im Chron. Alt. deshalb, weil es einige Nachrichten zur politischen Geschichte Venedigs enthält, freilich
ebenfalls in so unklarer Diktion und in so grosser chrono-
logischer Verwirrung, dass Dandolo, in dessen Annalen
dieselben übergegangen sind, entweder selbst radikale

Aenderungen vorgenommen oder sie in besserer Gestalt
schon vorgefunden haben muss. Es handelt sich um das
Ende eines Dogen Peter. In diesem eben in Rede stehenden Verzeichniss des Chr. Alt. ist es der Doge P e t e r
T r i b u n u s, dessen Ermordung durch das Volk erzählt
wird, wenigstens in Cod. S und D (VIII, 49 und V, 68);
hingegen in Cod. V ist es der Doge P e t e r T r u n d o m i n i c o,
den dieses Schicksal ereilt — und dies im Einklang mit
den Dogen-Verzeichnissen des Chr. Alt. in a l l e n d r e i
Handschriften [1]), wo ebenfalls dieser Peter Trundominico,
der siebente [2]) Doge seit Verlegung des Regierungssitzes
nach dem Rialto, als der vom Volke getödtete bezeichnet
wird. Bei Dandolo aber und Johannes Diakonus wird als
jener siebente Doge gerade P e t e r T r i b u n u s aufgeführt
und ausdrücklich als trefflicher, weiser, beliebter Fürst gepriesen, worauf ich schon oben bei dem Nachweis des
Zusammenhangs zwischen diesen beiden Autoren zu
sprechen kam. Ich habe dort auch bereits kurz an-
gemerkt und will es hier nur wiederholen, dass Dandolo
unter den »plurimi«, welche von dem Dogen Peter Tribunus
das Gegentheil erzählten [3]), wie es scheint, eben diese Partieen des Chron. Altin. verstanden hat. Hingegen berichten
Dandolo und Johannes von dem d r i t t e n Dogen nach Agnellus, (dem ersten Dogen auf dem Rialto), dass er von
einigen seiner Unterthanen ermordet worden — nur mit
dem Unterschiede, dass Johannes denselben einfach Peter,
Dandolo aber P e t e r T r u n d o n i c o (Transdominico) nennt.
In Urkunden erscheint dieser Beiname nicht, und so hat
Dandolo vielleicht nur die Nachrichten des Johannes und
des Chron. Altin. kombinirt, in der Fixirung der Zeit und
der Erzählung des Hergangs dem Johannes Diakonus folgend

---

1) sowie mit dem dem Chron. Venet. des Johannes Diakonus beigefügten, welches Verzeichniss sicher nicht von Johannes herrührt.

2) in Cod. S fälschlich der sechste.

3) cf. col. 198 A.

und aus dem Chr. Alt. neben dem Namen des Dogen
noch einige Details entlehnend. So nennt er in Uebereinstimmung mit dem Chron. Alt. (VIII, 49 und V, 68) als
einen der Mörder einen gewissen Dimitrius Calabrisino [1]
der von Johannes nicht erwähnt wird; ferner ist wohl die
ganze Episode von den Dienern oder Sklaven (»servi«) des
Dogen, welche den Palast nicht verlassen wollten, bis
nicht die Schuldigen bestraft wären, ebenfalls aus dem
Chr. Alt. (ibidem); denn Johannes schweigt darüber gänzlich. Dandolo mag den Bericht des Chr. Alt. durch
persönliche Kenntnisse noch vermehrt haben. Er erzählt nämlich, dass jene Diener zu zwei Drittheilen auf
der Insel Poveglia (Pupilia) angesiedelt wurden, der dritte
Theil aber an den Grenzen Wohnsitze angewiesen bekam
und — setzt er hinzu — »zum Zeichen der Verzeihung
ihrer Schuld pflegt der Doge am zweiten Tage nach
Ostern jeden Jahres den Gastalden von Poveglia mit den
sieben Ortsältesten zum Friedenskusse zuzulassen.« Da wir
hieraus schliessen können, dass diese Sitte auch zu Dandolo's
Zeit bestand, dürfen wir hier seinem Berichte in jeder Beziehung Glauben schenken und insbesondere in der chronologischen Datirung des mehrerwähnten Vorfalls ihm eher
folgen, als dem Chr. Alt., in dessen Verzeichnissen sich
ja überdiess so bedeutende Widersprüche finden.

Das Verzeichniss der Bischöfe von Olivolo im Chron.
Alt. scheint Dandolo's — vielleicht sogar einzige — Quelle
namentlich noch für die Darstellung der Wirren zu sein,
welche am Anfange des 11. Jahrhunderts den venetianischen
Staat zerrütteten und mehrere Dogen emporhoben und
wieder absetzten. Sie begannen mit der Verbannung des
Dogen Otto Orseolo nach Konstantinopel, an dessen Stelle
Peter Barbolano oder Centranico zum Oberhaupt gewählt

---

[1] »oder de Canale« (col. 181 D), was auf Chr. Alt. (VIII, 90
und V, 102) zurückzugehen scheint.

wurde, der aber nach wenigen Jahren seinem Vorgänger
in die Verbannung folgte. Hierauf wurde der Patriarch
Ursus Orseolo, der Bruder des vertriebenen Otto, mit der
höchsten staatlichen Würde bekleidet, der denn sogleich
seinen Bruder zurückzurufen Anstalten traf. Aber die Gesandtschaft mit dem Bischof Vitalis von Torcello, ebenfalls
einem Bruder des Otto und des Ursus Orseolo, an der
Spitze, konnte ihre Mission nicht erfüllen, da Otto bereits
in der Verbannung gestorben war. Daraufhin entsagte
der Patriarch der Leitung des Staates und ein anderer
Orseolo, Dominikus, riss nun die Herrschaft an sich, in
der er sich freilich nur einen Tag lang zu behaupten vermochte. Ein Theil des Volkes erhob sich gegen ihn und
rief den Dominikus Flabianico zum Dogen aus, welcher
der vornehmlichste Urheber der Verbannung Otto's Orseolo
gewesen und desshalb selbst von Ursus Orseolo verbannt
worden war. Dies wird kurz in den Annalen erzählt
im sichtbaren Anschluss an das Chr. Altin., wo z. B.
jener Vitalis ebenfalls als Gesandter genannt wird u. s. w.
Daneben aber sind doch wieder einzelne Differenzen zu
konstatiren. So sagt Dandolo nicht ausdrücklich, wie es
im Chron. Alt. geschieht, dass der Patriarch Ursus Orseolo
jenen Dom. Flab. vertrieben und verbannt habe, sondern
dass dieser mit seinen Anhängern aus Furcht fortging,
als Ursus nach seinem Bruder sandte. — Ferner regiert
bei Dandolo der Doge Peter Barbolano vier Jahre und vier
Monate (elapsis annis quatuor et mensibus quatuor
so M1 und andere Handschriften gegen Muratori col. 239 E);
im Chron. Alt. heisst es an der entsprechenden Stelle, dass
derselbe vor Ablauf des vierten Jahres gestürzt
worden sei (VIII, 52 und V, 71: Tres annos retinuit
ducatum: antequam quartum expletum esset . . .) In den
Dogen-Verzeichnissen des Chr. Alt.[1) aber werden dem

---

1) auch in dem des Cod. S, wo gerade an dieser Stelle eine Lücke
ist (VIII, 21: Petrus Ursiolus Dux, ducavit . . . annos IIII et menses IIII).

genannten Dogen vier Jahre und vier Monate zuertheilt,
wie bei Dandolo. Nun aber gleich wieder die Kehrseite.
In allen Dogen-Verzeichnissen des Chr. Alt. wird berichtet, dass ein nicht unbedeutender Theil des
Volkes den oben erwähnten Dominikus Orseolo zum Dogen
erwählt habe: »non modica pars Venetici populi« [1]).
Bei Dandolo aber — sowohl bei Muratori als in allen mir
bisher bekannt gewordenen Handschriften — lesen wir
das Gegentheil davon: »modica parte Populi consen-
tiente« (col. 240 C); hier scheint Dandolo wieder dem Verzeichniss der Bischöfe von Torcello gefolgt zu sein, wo es
heisst: »absque Veneticorum populi voluntati (sic!).« [2]) —
Wir müssen nun die Theile des Chron. Alt. in's Auge
fassen, welche erst im Laufe der Zeit zu dem ursprünglichen Kern hinzukamen und sich auch nicht in allen Handschriften des Chron. Alt. finden. Für das älteste dieser
Stücke halte ich die sagenhafte *Erzählung des Kampfes*
zwischen den Franken und den Bewohnern des venetianischen
Inselstaates am Anfang des 9. Jahrhunderts. Merkwürdig ist,
dass der in einem barbarischen Latein abgefasste Bericht
eingeschoben ist in eine Genealogie, in eine kurze Chronik der
Frankenkönige, die bis zur Mitte des 11. Jahrhunderts fortgeführt ist, da sie noch des jungen, zum König erhobenen Heinrich IV Erwähnung thut[3]). Jetzt als »achtes Buch« des
Cod. S veröffentlicht, steht das Stück in der Handschrift
vielmehr an erster Stelle als »liber primus«; es fehlt im
Cod. D, findet sich dagegen im Cod. V mit einigen ab-
weichenden Lesarten. Dass Dandolo daraus einige Notizen
in seine Annalen eingefügt hat, ist unbestreitbar; so z. B.

---

1) In der Ausgabe von Cod. S (VIII, 21) steht fälschlich »modica
pars«, die Handschrift enthält ein deutliches non m. p.; ebenso steht
dort »Dominicum Ursiolum« und nicht »Dominum Urs.«

2) VIII, 53; in D stehen die Worte am Rande.

3) Diese Genealogie stimmt überein mit der in den Mon. Germ.
SS. t. III p. 213—214 veröffentlichten Chronica regum Francorum.

die Erzählung von dem Ende des Patriarchen Johannes von Grado:

col. 151 E . . . et de turri altissima Palatii sui ad ima dejectus exspiravit, cujus sanguis in testimonium mortis suae in petris presentialiter apparet . . .	VIII, 227 :deportatus est (ab eis V) per palatii domum in turre altissima. inde illum (intus V) projecerunt: testimonium sanguinis ejus, quae (quod V) in petris fusum est, stabit (stat V) usque in hodiernum diem.

Ferner geht auf diese Quelle zurück die Darstellung des Angriffs der Franken auf den Rialto (col. 158 C Francorum tamen — consternatus), ihrer Ueberlistung durch eine alte Frau und ihrer Niederlage; vielleicht auch die Notiz, dass der Patriarch Fortunatus dem Kaiser Karl über die Venetianer Schlechtes berichtet habe (col. 155 E). Endlich ist dieser Theil des Chr. Alt. sicher ebenfalls unter den »alii« verstanden (col. 159 A), welche schrieben, dass der Doge Obelerius mit einer Gallierin verheirathet war und sein Vaterland an die Franken habe verrathen wollen; und wahrscheinlich auch unter den »plurimi« (col. 155 E), welche die Zerstörung von Heraklea den Franken zuschrieben: wenigstens deuten dies die Worte Dandolo's an: »(Urbem) in qua nobilium Venetorum maxima pars degebat« (col. 155 E), welche genau übereinstimmen mit folgenden des Chr. Alt. (VIII, 227) ». . . in qua tunc magna pars Veneticorum Nobilium degebat« — wobei freilich nicht verschwiegen werden darf, dass die unklare Darstellung des Chr. Alt. es nicht erkennen lässt, ob die Zerstörung jener Stadt dem Kaiser Karl — der hier immer fälschlich statt seines Sohnes Pipin genannt wird — oder dem Patriarchen Fortunatus zugeschrieben wird.

Von ungleich höherem Werthe für die Geschichte Venedigs sind

Die Annalen,

welche in dem vatikanischen Codex des Chronicon Altinate

überliefert und am Anfang des 13. Jahrhunderts von einem Venetianer entweder in Venedig selbst oder an einem anderen Orte des Bisthums von Castello (später bekanntlich Patriarchat von Venedig) verfasst sind[1]). In der Mitte des 11. Jahrhunderts beginnend reichen sie bis zum Ende des 12. Jahrhunderts und enthalten neben kürzeren und längeren Notizen zur politischen Geschichte auch ziemlich ausführliche Nachrichten über lokale Ereignisse in Venedig, welche uns allerdings schon aus Dandolo's Annalen bekannt waren, aber nun auch in dessen Quelle vorliegen. Dass sie dies wirklich sind, geht deutlich daraus hervor, dass Dandolo z. B. nur da die durch Brand zerstörten Kirchen namentlich anzugeben, ja überhaupt nur da von Feuersbrünsten in Venedig zu berichten weiss, wo es in diesen Annalen geschieht[2]). Dies ist der Fall bei den Jahren 1105, 1106, 1117, 1120, 1149, 1167.

Hier sind nur folgende Differenzen zwischen den beiden Berichten hervorzuheben. Bei dem Brande vom Jahre 1106 nennt Dandolo unter den zerstörten Kirchen auch die »Sancti Paterniani«, in den Annalen aber fehlt sie, und doch heisst es hier am Schluss, dass 24 Kirchen abgebrannt seien, während namentlich nur 23 aufgezählt werden. Es scheint demnach der Schreiber des Cod. Vat. sich geirrt, Dandolo aber entweder die Annalen in einer anderen Handschrift benützt oder die erwähnte Kirche irgendwo anders her entnommen zu haben. — Hingegen haben die Annalen Recht, wenn sie das Erdbeben des Jahres 1117

---

1) Ich habe dieselben, wie bereits angedeutet, in dem zweiten Hefte des ersten Bandes des »Neuen Archivs d. Ges. f. ältere deutsche Gesch.« p. 395—410 veröffentlicht.

2) In der ganzen Folgezeit, während des ganzen 13. Jahrh. wird nur ein einziges Mal noch ein — im Sanktuarium der Markuskirche ausgebrochener — Brand von Dandolo (col. 346 C) erwähnt, der auf urkundliche Aufzeichnung sich zurückführen lässt.

zum 3. Januar melden, während Dandolo es auf den
13. Januar verlegt; auch andere Quellen, wie die Annales
Einsidlenses, Mosomagenses, Sigebert von Gembloux, Ekke-
hard, die Ann. Mediolanenses minores, erzählen es [1]) zum
3. Januar »3. Non. Januarii« — möglicherweise beruht die
Differenz nur auf einem Irrthume Dandolo's. Bei dem am
gleichen Tage ausgebrochenen Brande wurde, den Annalen
zufolge, die Kirche »S. Hermachore et S. Johannis decollati
(cum multis carum casis)« zerstört, wobei nicht klar ist,
ob zwei Kirchen gemeint sind oder nur eine, welche die
Namen der beiden Heiligen trug. Dandolo (col. 266 E)
nennt nur eine »S. Hermacorae« und fügt hinzu, dass die
Hand des heiligen Johannes unverletzt blieb. Nach
Flam. Cornelius (Eccl. Ven. Dec. I) wurde diese Hand in
einem dem hl. Johannes zu Ehren errichteten Altar der
Kirche des hl. Hermakoras aufbewahrt — vielleicht ist
dieser in den Annalen gemeint.

Ferner hat Dandolo sein Geschichtswerk aus diesen
Annalen mit einer Reihe von D a t e n zur politischen Geschichte bereichert, so zu den Feldzügen des Dogen Ordelafus Faledro nach Dalmatien im Jahre 1115 und 1116
(col. 266 A, C), zu dem Zuge des Dogen Dominikus
Michael nach dem gelobten Land im Jahre 1122 und dessen
Rückkehr nach fast dreijähriger Abwesenheit (col. 270 B
und 272 D); fraglich ob daher auch die Daten der Ankunft
Alexanders III und Friedrichs I in Venedig. Der Papst
langte nach Dandolo (col. 301 C) am 23. März an Venedigs
Gestade an, übernachtete im Kloster des hl. Nikolaus und
wurde am folgenden Tage (24. März) vom Dogen feierlich
nach der Markuskirche geleitet. Die Annalen aber setzen
die Ankunft auf den 24., den feierlichen Empfang auf
den 25. März (octavo die exeunte mense Marcii intrauit

---

1) Mon. Germ. SS. t. III p. 146, 162 und t. VI p. 252, 376 und
t. XVIII p. 393.

Veneciam et in annuntiacione sancte Marie uirginis suceptus fuit cum magna gloria).

Dandolo's Angaben werden hier durch Romuald von Salerno unterstützt; am 25. März hielt der Papst in San Marco eine Messe. Von dem Kaiser meldet Dandolo nur (col. 303 D), dass er am 24. Juli feierlich zur Markuskirche geleitet wurde, wo die bekannte Versöhnungsscene sich abspielte. Auch hier steht Dandolo in Einklang mit Romuald, dessen Annalen er gekannt zu haben scheint[1]); unsere Annalen lassen den Kaiser am 23. Juli in Venedig ankommen und am 25. die Aussöhnung mit dem Papste stattfinden (uenerunt in Veneciam nono die exeunte mense Julii, et in festiuitate sancti Jacobi apostoli honorifice susceptus fuit (sc. imperator) in osculo pacis a domino papa . . .)[2]). Sicher aber hat Dandolo auf Grund dieser Annalen den Tag der Abreise des Kaisers (18. September col. 307 B) und des Papstes (16. Oktober ibid.) angegeben[3]) — Daten, die wir in anderen Quellen nicht finden, die aber doch Anspruch auf Glaubwürdigkeit machen können. Denn Friedrich versichert in einer Urkunde[4]) vom 17. September 1177 — datirt Venedig — dem Papste, dass er den zwischen ihnen geschlossenen Frieden halten wolle, was wohl kurz vor seiner Abreise geschah; Alexander aber verliess Venedig nach der Lebensbeschreibung des Kardinals Boso um die Mitte des Oktober (circa medium mensis Octobris).

Ausserdem werden wir in diesen Annalen Dandolo's Quelle für folgende Nachrichten erblicken dürfen: für die

---

1) siehe unten.

2) Nach Romuald celebrirte der Papst am 25. Juli in San Marco die Messe.

3) In den Annalen: — — et permansit (sc. imper.) in palacio domini ducis usque ad tertium decimum diem exeunte mense Septembris et dominus papa — exiuit de Venecia septimo decimo Kal. Nouembris.

4) Stumpf: Reichskanzler II No. 4225.

Theilnahme der Trevisaner und Ravennaten am Kriege zwischen Venedig und Padua (1107? col. 263 C), für die Gesandtschaft des Patriarchen von Grado (mit 14 Galeeren) nach Byzanz im Jahre 1112 (col. 265 A), wobei zu bemerken ist, dass selbst der in diesen Annalen erwähnte Name des Patriarchen »Peter« in Cod. M 1 übergegangen war. Wenige Zeilen vorher stehen im Texte die Worte: »Inter hec diem functo Johanne Gradonico patriarcha (und am Rande et in ecclesia sancti Cypriani sepulture tradito) quidam Petrus nomine absque cognomine illi subrogatur« und mit einem »hunc« Patriarcham - Constantinopolim mittit wird dann auf jenen Peter zurückgewiesen. Aber alle diese Worte sind durchstrichen (und auch nicht in anderen Handschriften vorhanden), wohl weil Dandolo den Irrthum des Schreibers der Annalen erkannte, da Johannes nicht gestorben, sondern noch Patriarch war. — Zum grossen Theil wörtlich aus unseren Annalen übernommen erscheint Dandolo's Bericht über die schon kurz berührten Feldzüge des Dogen Ordelafus Faledro nach Dalmatien in den Jahren 1115 und 1116, um die venetianischen Besitzungen den Ungarn wieder zu entreissen. Jedoch werden nach den Annalen auf dem ersten Zuge die beiden Orte Jadra und Belgrad nicht zurückgewonnen, während Dandolo (im Anschluss an andere, freilich spätere Quellen als diese Annalen) das Gegentheil behauptet und nur die feste Burg Jadra's — vielleicht gerade den wichtigsten Punkt — von den Venetianern nicht erobert werden lässt. — Auch die Gesandtschaft des griechischen Kaisers Emanuel nach Venedig im Jahre 1167 (col. 291 B), der Name (Maria) der Nichte des Königs Stephan von Ungarn, welche einem Sohne des Dogen Vitalis Michael II vermählt wurde (col. 292 A), ein Sieg der Venetianer über die Ankonitaner im Jahre 1168 (col. 292 C), die Theilnahme der Venetianer am dritten Kreuzzuge (col. 313 B), die Bestrafung des rebellischen Pola im Jahre 1195 (col. 317 C): alle diese Nachrichten Dandolo's gehen·wohl

auf unsere Annalen zurück [1]), vielleicht noch einige andere
wie die Wiederauffindung des vermissten Leibes des
heiligen Markus im Jahre 1094, wovon jedoch Dandolo
durch die alljährlich stattfindende Procession zu Ehren dieses
Ereignisses Kenntniss haben konnte.

Jedenfalls wird man zugeben, dass diese Annalen eine
sehr schätzbare Quelle für die Geschichte Venedigs im
12. Jahrhundert sind; vielleicht darf man die Hoffnung
fassen, dass wie sie, so noch andere venetianische Geschichtsquellen jener und älterer Zeit irgendwo, in irgend
einer Handschrift, verborgen liegen und der Veröffent-
lichung harren. Foscarini nennt in seiner Literaturgeschichte (pag. 123 ff.) aus späteren Schriftstellern einige,
jetzt unbekannte, Quellen des 11. Jahrhunderts, welche
von Dandolo benutzt sein könnten. Freilich sind dessen
Nachrichten gerade für diese Periode, das heisst für fast
das ganze 11. Jahrh., sehr dürftig; ein Theil derselben lässt sich auf urkundliches Material, ein Theil auf
andere, darunter ausservenetianische Quellen zurückführen.
Was noch übrig bleibt — Nachrichten namentlich über
die Kämpfe mit den Königen von Ungarn um den Besitz
Dalmatiens — dürfte eher aus einer zusammenhängenden
(dalmatischen?) Quelle geschöpft sein.

Der älteste jener bei Foscarini aufgezählten Autoren
ist ein Archidiakon der Kirche von Grado, Namens *Fortunatus*, welcher die Stiftungsurkunde des von dem Dogen
Dominikus Contarini dem hl. Nikolaus errichteten Klosters
ausgefertigt hat [2]), und von Bernardo Trevisan als
Verfasser eines Geschichtswerkes angeführt wird; der Inhalt desselben ist aus dem Citate leider nicht ersichtlich. —

---

1) wenn nicht theilweise auf eine gemeinschaftliche Quelle (cf. unten
pag. 108).

2) Flam. Cornelius Eccl. Venet. Dec. XII p. 4. »Actum per manus
Fortunati Archidiaconi S. Gradensis Ecclesiae«. Ueber das Jahr der
Stiftung — ob 1043 oder 1053 oder noch später — cf. Cornelius l. c.

Die Wahl des Nachfolgers jenes Contarini, des Dominikus
Silvo, soll nach Sansovino's Angabe[1]) der »cappellano«
des neuen Dogen, *Dominikus Rino*, beschrieben haben;
und das Wenige, was Dandolo (col. 247 A) darüber mit-
theilt, stimmt mit Sansovino's Bericht zusammen. —
Ferner schrieb nach dem Zeugniss Bernardo Giustiniano's[2]) ein Abt *Zeno* des genannten Klosters des heiligen
Nikolaus um das Ende des 11. Jahrhunderts eine Chronik,
auf welche Bern. Giustiniano angeblich seinen Bericht über
die Wiederauffindung des hl. Markus stützt. — So scheint besonders dies mehrerwähnte Kloster reich an Chroniken oder
geschichtlichen Aufzeichnungen überhaupt gewesen zu sein;
über die *translatio* des heiligen Nikolaus (1101) haben
wir — um dies gleich hier zu bemerken — eine ausführliche gleichzeitige Erzählung von einem Mönche jenes
Klosters[3]), aus welcher Dandolo einige Notizen über die
Unternehmungen und Erfolge der Venetianer während des
ersten Kreuzzuges entlehnt hat (col. 258 A, B).

Besonders schmerzlich hat man den angeblichen Verlust einer, wie man glaubt, grösseren venetianischen Chronik
bedauert, deren namentlich in dem nun zu betrachtenden

5. *und* 6. *Buch des Chronicon Altinate*

gedacht wird[4]). Es stellt sich dies so bezeichnete Stück,
welches allein im Cod. S des Chr. Alt. steht, (in seinem
ersten Theile wenigstens) nur als ein Auszug aus einer
anderen Chronik dar, auf welche öfters verwiesen wird.
Ehe ich die Recension A der kleinen Chronik Dandolo's
vollständig, als ich davon nur die bei Muratori und Ro-

---

1) Venezia etc. descritta in XIIII Libri (1663) pag. 478.

2) De origine urbis Venetiarum (1492) lib. XV. cf. Cornelius Eccl.
Ven. Dec. XII p. 4.

3) Cornelius l. c. p. 6 ff. cf. p. 55 ibid.

4) Auch hier ist die Ausgabe nicht frei von falschen Lesarten:
p. 159 ist statt »quia diu vixit« zu lesen »quamdiu v.«; p. 160 zwei-

manin mitgetheilte Einleitung kannte, vermuthete ich bei der Uebereinstimmung dieser mit der jenes 5. und 6. Buches dass eben diese beiden Bücher des Chr. Alt. nur ein Stück oder eine Bearbeitung der kleinen Chronik Dandolo's, unter jener grösseren Chronik aber Dandolo's Annalen gemeint seien. Denn wie aus dem folgenden Wortlaut ersichtlich, ist die Uebereinstimmung in der That eine auffallende.

Dand. Chron. [2]) Cum Deus omnipotens, a quo omnia subsistentia assumpserunt initium, Venetorum Ducatum in Christianorum Principibus mirifice exaltauerit, quod sumpto respectu ad ipsorum principium suis laudabilibus operationibus noscitur processisse, de quibus moderni et futuri informati de bono in melius debent rationabiliter proficisci: ob hoc ego Andreas Dandulo proposui sub breui compendio provincie Venetiarum initium et ipsius incrementum et prout sub Ducibus constitutis notabilia facta fuerunt, summatim enarrare; sed si quis de predictis latiorem peritiam habere desiderat ad Cronicam a presenti auctore composi-

Chron. Alt. (VIII, 152): Cum Deus omnipotens (o$\overline{ps}$) a quo bona cuncta procedunt, multam gratiam et gloriam Venetis semper contulerit, et honoribus ac divitiis per universum fere orbem eos claros reddiderit, honestum duximus et ratione dignum, ut ex pluribus, quae retro ab annis multis, sub Ducibus Venetiae et per duces, Deo propitio, facta fuisse noscuntur, sicut relatione eorum qui interfuerunt didicimus, et gestarum rerum narrat Historia; ea scire desiderantibus, hoc brevi dictamine pauca saltem lucide exponeremus. Ex his namque quae scribimus, quaedam narrantibus majoribus didicimus, quae etiam hodie

---

mal statt »porro« (o. und u.) — »primo«; pag. 164 statt »tradebantur« — »trahebantur«; p. 193 statt »post paucum tempus« — »parvum«; p. 195 steht statt »ducenti« d. (500); statt »ducti« — »docti«; statt »pruas« — »proras« etc.

2) Bei der Recension A lege ich den Text des Codex Barberinus zu Grunde, der, wie wir gesehen, eine ältere Fassung derselben enthält.

tam recursum habere debeat. Ex his autem que, scribemus (in anderen Handschriften: namque que dicentur) quedam narrantibus maioribus didici, quedam vero ex lectione Annalium mihi innotuerunt, unde principium, progressum et consumationem operis ex illius expecto auxilio qui est rex regum et dominus dominantium, rex magnus super omnes deos.

in re ipsa cernuntur, quaedam vero nostro tempore vidimus completa; quaedam quoque ex lectione Annalium nobis innotuerunt.

Nun, nach Prüfung des handschriftlichen Materials, kann ich die oben ausgesprochene Vermuthung nicht mehr für zulässig halten; man muss vielmehr annehmen, dass Dandolo jene Vorrede für seine eigene Einleitung verwerthet hat. — Die Entstehungszeit unseres Chronikenfragmentes fällt jedenfalls nach dem Tode des Dogen Peter Ziani, der im Jahre 1229 starb. In dem Cod. S ist uns schwerlich das Original, sondern nur eine Abschrift des Fragmentes überliefert; pag. 163 unten ist z. B. eine unausgefüllte Lücke; das pactum, das (nach pag. 192) »weiter unten« nachfolgen soll, ist nicht zu finden, und in dem Texte fehlen einige Worte, die dann von anderer, späterer Hand hinzugefügt wurden. Dies ist der Fall mit dem Worte »posuerunt« pag. 193, »ordinavit« pag. 198; statt »se opponebat« pag. 161 steht im Text »se obtinebat«, am Rande ist »se oppon.« von anderer Hand beigesetzt — und zwar von derselben, wenn ich nicht irre, welche im Dogenverzeichniss dieses Cod. S die Dogen Jakob Tiepolo und Marinus Mauroceno nachgetragen hat. Mit diesen Ausnahmen zeigt das Fragment die Hand des Schreibers, von dem der ganze Cod. S und insbesondere das Ver-

zeichniss der byzantinischen Herrscher herrührt, als deren
letzter Balduin II genannt wird, der von 1237—1261 den
Thron in Byzanz inne hatte. Bekanntlich ist zwischen dem
5. und 6. Buche eine grosse Lücke, die sich zum Theil
durch eine spätere Handschrift hat ausfüllen lassen; auch
am Anfange dieses Ergänzungsstückes (VIII, 171) fehlen
einige Worte, wie ein Vergleich mit Cod. S ergibt;[1]) vielleicht darf man es nur als einen Fehler des Abschreibers
betrachten, dass (pag. 174) der Tag der Ankunft Alexanders III auf den 25. März, der der feierlichen Abholung
auf den 24. März verlegt wird (zuerst »die septimo, exeunte
mense Martio venit« — und dann »Altera die, quae fuit
vigilia Annunciationis B. Mariae . . . . .«). Ueber den
Verfasser unseres Fragmentes liess sich bisher nichts
ermitteln; den Dogen Peter Ziani lobt er auf das wärmste,
er hat ihn wohl noch selbst gekannt. Gegen das Ende
des 6. Buches erzählt er eine Episode aus dem Leben dieses
Dogen, welche dessen vorzügliches Gedächtniss verherrlichen
soll. Es seien nämlich einmal ungewöhnlich viele —
über 20 — Gesandtschaften aus der Lombardei zu ihm
gekommen, um ihm, wie öfters, ihre Angelegenheiten zur
Beurtheilung und Entscheidung vorzutragen; aber der Doge
schien darüber eingeschlafen zu sein. Nachdem jedoch die
Gesandten geendet, habe er Alles, was diese vorgetragen,
der Reihe nach in Kürze zu wiederholen gewusst: möglich,
dass der Verfasser hiebei selbst zugegen war. Merkwürdig ist
die Art und Weise, wie er auf jene grössere Chronik sich
beruft; zweimal sagt er nämlich: »wir glauben, dass dies
und anderes in der »Chronica Venetorum« erzählt sei«
(credimus, putamus esse digesta). Hier kann man
nur annehmen, dass entweder Andere dem Verfasser von
einer solchen Chronik erzählten oder wahrscheinlicher, dass
er selbst früher einmal sie gesehen und nun aus der Er-

---

1) zwischen den Worten »ad eum remisit« und »alter vero.«

innerung schreibe. Ich habe vorübergehend an den Florentiner Boncompagni als den möglichen Verfasser gedacht, der seine Schrift »Rhetorica« nach seinen eigenen Worten [1] in Venedig begann und in Bologna beendete, wohin er um's Jahr 1218 [2] — also eben zur Zeit Peter Ziani's (1205—1229) — als Professor der Rhetorik berufen wurde. Wir haben von demselben bekanntlich auch eine Erzählung der Belagerung von Ankona (1173) durch Christian von Mainz und die Venetianer, die er auch auf den Bericht derer stützt, »welche dabei gewesen waren« (Murat. SS. t. VI col. 928 D). Aber freilich ist er hier auf die Venetianer sehr schlecht zu sprechen, so dass er seine Gesinnung gegen sie in dem Fragment des Chr. Alt. wesentlich geändert haben müsste. — Von dem Verfasser unseres Fragmentes rührt, denke ich, auch das Stück des Chr. Alt. her, welches einen kurzen sehr dürftigen Ueberblick über die alte Geschichte gibt [3]. Auch in der Einleitung hiezu, welche lediglich in Cod. S — sehr mangelhaft und unverständlich — überliefert ist, spricht der Verfasser in ganz eigenthümlicher Weise vom Vergessen früherer Kenntnisse und zeigt, wie auch in der Erzählung selbst, Bekanntschaft mit Cicero. Die Einleitung lautet so:

Quoniam, ut in amicicie libro legitur, amicicia in omnibus rebus est preponenda, qua habita(?) dulcia et aduersa sint tollerabilia: tue petitioni, dulcissime II., graue duxi non satisfacere. Non uidetur, ubi prope firma amicicia, ibi iuste

.

1) cf. Tiraboschi Storia della Letterat. Ital. t. IV part. II. p. 456 Anm. aus einem Codex in Padua; in einem Cod. Monacensis No. 23499 ist sie nicht, wie in jenem, in 15 sondern in 13 Bücher getheilt; auch fehlt darin die Schlussnotiz, dass sie 1235 in Bologna vollendet worden.

2) cf. Mazzucchelli Scrittori d'Italia t. II p. 2368; seine Schrift »Boncompagnus« wurde allerdings schon 1215 in Bologna mit dem Lorbeer belohnt.

3) Es steht sowohl in Cod. S als auch in D, ist aber nur aus diesem abgedruckt (Arch. St. It. App. V, p. 37 46).

peticioni negligencia. Sed crebribus carceris, quo detinemur, angustiis frequenter infestamur; tantum antiquissimum negocium aggredi usque modo non fui ausus. Animus enim a pluribus infestatus, que sciuit, sepissime fit obliuiosus. Tu igitur amice intime, sapienciam a pluribus te habuisse cognoui; indulgenciam postulo, quatinus de tua amicicia, que obhergat me (sic! vielleicht obtegat; die beiden folgenden Worte sind ganz unklar) uidebatur turba confisus, antiloquio gaudens animus ualeat accedere securus. Letus nemppe animus ad stulticiam promptus, mestus ad propria fit tardus.

Jedenfalls haben beide Stücke das gemeinsam, dass sie sich vor den übrigen Particen des Chr. Alt. durch eine bessere Latinität auszeichnen. Was den sachlichen Werth jenes 5. und 6. Buches betrifft, so ist derselbe ein ungleicher, in der ersten Hälfte nämlich entschieden geringer als in der zweiten. Die Erzählung ist dort weniger ausführlich und weniger genau, was eben in dem Umstande seinen Grund haben mag, dass sie auf Erinnerungen aus dem Gedächtniss beruht. Z. B. weiss der Verfasser nur von einem Feldzug des Dogen Ordelafus Faledro nach Dalmatien, während derselbe, wie wir aus den oben besprochenen Annalen wissen, zweimal dorthin ziehen musste, um das Land zu unterwerfen.

In welchem Verhältniss, fragen wir nun, steht Dandolo zu diesem Chronikenfragment?

Wir haben gesehen, dass er die Vorrede davon gekannt und benutzt hat; benutzt er nun auch die Chronik selbst, oder vielleicht jene grössere Chronik, oder beide? Wir finden diese »Venetorum Chronica« im Chr. Alt. zuerst erwähnt bei dem Dogen Ordelafus Faledro, mit dem überhaupt die Erzählung beginnt, dann bei dem folgenden Dogen Dominikus Michael, hingegen nicht bei dem dritten Dogen Peter Polano, aber wiederum bei dessen Nachfolger Dominikus Mauroceno, von da an nicht mehr. Ob daraus der

Schluss erlaubt ist, dass dieselbe bis dahin, also bis zu dem Dukat des Vitalis Michael II, gegangen, wage ich nicht zu bejahen. Bemerkenswerth ist immerhin, dass gerade von diesem eben genannten Dogen an die Erzählung eine viel breitere, detaillirtere wird [1]. Und eben bei diesem Dogen ist auch die Uebereinstimmung mit Dandolo eine grössere als vorher, wo nur einige Notizen über die Persönlichkeit der Dogen und ihre Begräbnissstätte, über die Vorbereitungen des Dogen Dominikus Michael zum Hülfszuge nach dem heiligen Land im Jahre 1122, über die Einnahme verschiedener Plätze des griechischen Reiches und die Wiederunterwerfung einiger Orte Dalmatiens durch den nämlichen Dogen auf seiner Rückkehr, ferner über die Verweigerung des Chrysobolliums durch den griechischen Kaiser Kalojohannes und endlich über den Beutezug König Rogers von Sicilien nach dem griechischen Reiche im Jahre 1147 — allerdings zum Theil wörtlich gleichlautend im Chr. Altin. und bei Dandolo sich finden. Bei Vitalis Michael II hingegen hat Dandolo den Friedensschluss mit den Pisanern, die Streitigkeiten mit Kaiser Friedrich I und seinen Verbündeten, wie dem Patriarchen Udalrich von Aquileja, den Veronesen etc., die Gefangennahme des Patriarchen, die Händel mit Ungarn um den Besitz von

---

1) Die am Anfang der Regierung dieses Dogen mitgetheilten, summarischen, zum Theil unrichtigen Notizen über die Beziehungen desselben zu auswärtigen Herrschern mag der Verfasser noch aus der Erinnerung an die »Venetorum Chronica« niedergeschrieben haben, während er die ausführlicheren Berichte über die Kämpfe um Jadra und über den Rachezug der Venetianer nach dem griechischen Reich vielleicht Augenzeugen verdankte. Unter der »Historia«, auf die sich der Verfasser bei dem Frieden von Venedig (1177) beruft, ist wohl eine specielle, vielleicht sogar ausservenetianische Darstellung dieses auch für Venedig so bedeutsamen Ereignisses verstanden (VIII, 176: Sic constat manifeste in Historia de hiis continente). Einige Verwandschaft zeigt hier — und anderwärts — der Bericht mit den Annalen Romualds (cf. oben in der Vorrede »ex lectione Annalium«).

Jadra, die Verwicklungen mit dem griechischen Kaiser,
namentlich dessen rücksichtslose Massnahmen gegen die
Venetianer und endlich den Rachezug dieser gegen das
griechische Reich: kurz die Hauptmasse der Begebenheiten
unter der Regierung jenes Dogen hat Dandolo fast mit
denselben Worten wie das Chron. Altinate berichtet.

Daneben fehlt es auch hier nicht an Differenzen.
Während es im Chr. Altin. heisst, der DogeVitalis Michael II
habe, während er in Chios überwinterte, und Unterhandlungen
mit dem griechischen Kaiser im Gange waren, dennoch
stets Schiffe ausgesandt, um den Städten des griechischen
Reiches Schaden zuzufügen (mandans semper galeas ad
laesionem Romaniae civitatum VIII, 166), meldet Dandolo
gerade das Gegentheil, dass der Doge die Feindseligkeiten
eingestellt habe (col. 295 A suos a laesione imperii abstinere
fecit). Dies erscheint aber fast als eine tendenziöse Aenderung,
um den Dogen in ein besseres Licht zu setzen. Einen
ähnlichen Grund dürfen wir vielleicht vermuthen, wenn
Dandolo die beiden Ehebündnisse, welche König Stephan III
von Ungarn den beiden Söhnen des Dogen vermittelte,
nicht, wie es im Chron. Altin. geschieht, an das Ende des
um Jadra geführten Krieges setzt, sondern vor den Ausbruch desselben, vor den Einfall des Ungarnkönigs in Dalmatien (col. 292 A), wodurch gewissermassen auf diesen der
Vorwurf der Heuchelei fällt [1]). Schreibt er doch auch —
recht bezeichnend — den Verlust einiger Orte Dalmatiens
unter dem Dogen Dominikus Michael in den Annalen der
Eroberungssucht der Ungarn, der »rabies Hungarica« zu
(col. 272 D), während er in der kleinen Chronik, in Uebereinstimmung mit dem Chr. Alt., von einem Abfall jener
Städte spricht, indem er sagt, der Doge habe sie bei

---

1) In den Annalen des Cod. V wird die Ankunft der einen Braut
allerdings schon in das Jahr 1167 gesetzt, hingegen die Einnahme Jadra's
durch die Venetianer schon in das Jahr 1159, statt in das Jahr 1171, wie
Dandolo es thut.

seiner Rückkehr aus Palästina »conversas ad Hungaros« gefunden. Sollte hier nicht die Leidenschaft, der Hass gegen
die Feinde seiner eigenen Regierung, Dandolo in den
Annalen die Feder geführt haben? — Nur ein Missverständ-
niss oder ein Versehen Dandolo's dürfte es sein, wenn er
den Dogen Vitalis Michael II (col. 296 A) auch nach der
Insel Stalimene (Lemnos) gelangen lässt; das Chron. Alt.
sagt ausdrücklich, dass er dorthin ziehen wollte, um
Ostern zu feiern, aber durch die Winde nach Skyros verschlagen worden sei:

| Dand. col. 296 A: Postea stolus Methelinum venit, deinde Staliminum, et denique impellente vento Schirum, ibique invalescente peste, in luctu Paschalia Festa peregit. | Chr. Alt. VIII, 166: — — venit ad insulam Medolini; ibique facto consilio, ad insulam Stalimini voluit ire ut Paschae festum ibi celebraret: sed ventorum vi faciente, compulsus est ad Skirum insulam venire, et ibi Pascha in luctu celebrare et lamentatione, propter homines, qui cotidie moriebantur. |

Hingegen bedeutendere Abweichungen sind es, wenn
z. B. im Chr. Alt. Vitalis Michael II mit dem griechischen
Kaiser Emanuel Anfangs in aufrichtigem Frieden lebt,
»öfters« — freilich ein wenig bestimmter Ausdruck —
zur Vertheidigung des griechischen Reiches Schiffe aussendet,
und der Grund der späteren Massregeln des Kaisers gegen die
Venetianer — er liess bekanntlich alle in seinem Reiche weilen-
den 1171 an einem Tage gefangen nehmen — in dessen Neid
auf die Reichthümer der Venetianer erblickt wird, Dandolo aber im Gegentheil berichtet (col. 291 B), dass
der Doge auf die Bitte jenes Kaisers um Hülfe gegen den
König Wilhelm II von Sicilien abschlägig geantwortet und
dies schon den Grund zu den späteren Misshelligkeiten
gelegt habe. Auch versichert Dandolo, dass der Doge

damals den Venetianern insgemein verboten habe, nach dem
griechischen Reich zu fahren und zu handeln, wovon das
Chr. Alt. gänzlich schweigt. — Nach dem Chr. Alt. (VIII,
157) stirbt der Doge Peter Polano, der dem griechischen
Kaiser zu Hülfe gegen die Normannen ausgezogen war,
unterwegs in Caprulä (Caorle), nach Dandolo (col. 282
D ff.) in Venedig, wohin er zurückgekehrt war, nachdem
er den Oberbefehl seinem Bruder und seinem Sohne über-
geben hatte, die hinwiederum im Chr. Alt. erst von dem
folgenden Dogen Dominikus Mauroceno zum Heere abge-
schickt werden. Ferner spricht das Chr. Alt. von 40 Schiffen,
(l. c.), welche die vereinigte venetianisch-byzantinische
Flotte der von einem Angriff auf Byzanz zurückkehrenden
sicilischen abgenommen habe (1149), von welcher überdies noch »mehrere« Schiffe zu Grunde gegangen seien;
Dandolo (l. c.) gibt in Uebereinstimmung und Anschluss
an Canale (§ 25) den Verlust der Sicilianer nur auf
19 Schiffe an [1]).

Diese Differenzen berechtigen nun allerdings nicht
schon zu der Folgerung, dass Dandolo gerade jene, im
Chr. Alt. citirte, grössere Chronik benutzt habe — ebenso
wenig, wie die Nachrichten, welche noch ausserdem in
Dandolo's Annalen und nicht im Chr. Alt. erwähnt werden;
denn sie lassen sich meist aus anderen Quellen herleiten.
Es bleibt jedoch noch ein Kreis von Nachrichten, wo dies
nicht der Fall ist. Vor allem sind es die Nachrichten,
welche die Geschichte Dalmatiens, das Verhältniss dieses
Landes zu Venedig und Ungarn betreffen; z. B. dass der

---

1) Die Zahl des Chr. Alt. dürfte jedenfalls zu hoch gegriffen sein.
Bei Cinnamus (l. III pag. 101 ed. Bonn.) besteht die nach Byzanz se-
gelnde, sicilische Flotte überhaupt nur aus 40 Schiffen, und bei dem
Kampfe, sagt er, sei die Bemannung zum grössten Theil gefangen ge-
nommen worden (οἱ πλείους). Die Continuatio Praemonstratensis des
Sigebert (Mon. G. SS. VI, 454) spricht nur von einigen (nonnullis)
Schiffen, die genommen wurden.

Doge Dominikus Michael bei seinem Zug nach dem heiligen Land (1122) auch in Dalmatien anlandete und dort seine Streitkräfte verstärkte (col. 270 B). Darunter ist namentlich eine Stelle beachtenswerth (col. 285 B), wo Dandolo die Erhebung des Dominikus Mauroceno, des Sohnes des gleichnamigen Dogen, zum Grafen von Jadra erwähnt und hinzufügt, dass das istrische Volk die Thaten desselben zu loben nicht aufhöre (cujus acta Istricus Populus laudare non desinit). Denkt man daran, dass Andreas Dandolo selbst eine Zeit lang Podestà von Triest war, so könnte man zunächst jene Notiz auf eben diese Zeit beziehen und sie für eine aus persönlicher Kenntniss entsprungene Bemerkung Dandolo's halten. Aber es ist doch sehr zweifelhaft, ob der Ruhm jenes Grafen wirklich so lebendig und frisch im Gedächtniss des Volkes blieb, dass er zwei volle Jahrhunderte überdauerte. So schreibt vielmehr ein Zeitgenosse oder Einer, welcher der Zeit jenes Regiments sehr nahe stand. Und noch wichtiger scheint mir folgende Stelle (col. 264 B ff.), wo von dem Einfall König Kolomans von Ungarn in Dalmatien die Rede ist, der früher mit den Venetianern verbündet nun deren Theilnahme an den Kämpfen im Orient benutzte, in den Jahren 1105 — 1111 sich in den Besitz Dalmatiens zu setzen. Dandolo erzählt dies, wie bereits Joh. Lucius [1]) nachgewiesen, im Anschluss an zwei ältere dalmatische Quellen, an die Geschichte des Thomas Archidiakonus und an eine Biographie des Bischofs Johannes (Ursinus) von Trau, der in eben jenen Kämpfen eine hervorragende Rolle spielte. Aber jene Quellen sind nicht völlig ausreichend für Dandolo's Darstellung; sie enthalten nichts über den Hoftag, den Koloman nach Dandolo in Jadra hielt, nichts von dem Geschenk des Königs an die Kirchen von Spalato, Jadra und Arbe, nichts von dem Tod des Königs. Koloman

---

1) De Regno Dalmatiae et Croatiae lib. III cap. IV.

starb nämlich ganz plötzlich und hier bemerkt Dandolo:
»man glaubt, dass dies die göttliche Strafe für den Vertragsbruch an den Venetianern gewesen sei (quod divino
judicio ex foedere Venetis abrupto creditur contigisse
col. 265 A). Um nicht das, was ich kurz vorher über den
Ausdruck »non desinit« gesagt habe, zu wiederholen: ich
glaube in beiden Stellen wörtlich aus der mehrerwähnten
grösseren Chronik entnommene Notizen erblicken und damit
die früher aufgeworfene Frage nach Benützung jener »Chronica Venetorum« durch Dandolo bejahen zu müssen.
Auf die nämliche Chronik führe ich ausser den schon
genannten Stellen zur dalmatischen Geschichte (col. 264 B,
265 A, 270 B, 285 B) noch die folgenden zurück: col.
265 A und 266 BC, wo von den Unterhandlungen des
Dogen Ordelafus Faledro mit dem griechischen Kaiser
Alexius und dem deutschen Heinrich V und deren Unterstützung zur Wiedereroberung Dalmatiens die Rede ist.
Vielleicht geht auch die Darstellung der dalmatischen Feldzüge des genannten Dogen, die, wie schon erwähnt, in
anderen venetianischen Quellen ähnlich erzählt werden,
zum Theil wenigstens auf jene »Chronica Venetorum«
zurück; ebenso die Unterwerfung Pola's und anderer Städte
Istriens unter dem Dukat des Dominikus Mauroceno (col.
284 B), für welche übrigens auch Urkunden benutzt sind;
endlich noch vielleicht die Unterwerfung mehrerer Plätze
Dalmatiens durch König Stephan III von Ungarn (col.
292 A).

Ein anderer Kreis von Nachrichten, welche derselben
Chronik entstammen dürften, umfasst die Beziehungen
Venedigs zu dem griechischen Reich, die ja auch öfters in
dem Fragment des Chr. Alt. berührt sind; dahin gehört
col. 261 D, 271 D, 273 B, 274 C, 291 B. — Ebenso hat
Dandolo vermuthlich die Theilnahme der Venetianer unter
dem Dogen Ordelafus Faledro an der Eroberung von Sydon
im Jahre 1111 (col. 264 AB) jener Chronik entlehnt, und

nicht minder die Streitigkeiten mit den Paduanern unter
dem Dogen Ordelafus Faledro (col. 263 C) und Peter
Polano (col. 280 A), von denen überdies der Verfasser des
Fragmentes Kenntniss hatte (cf. VIII, 197), wenn er ihrer
auch nicht unter diesen beiden Dogen gedachte; endlich noch
die Zwistigkeiten mit den Gegnern von Fanum (col. 279 C),
mit den Pisanern unter Peter Polano (col. 281 B) und das
Bündniss mit den Ankonitanern unter Dominikus Mauroceno (col. 285 C) [1].

Welchen Inhalt die bis jetzt noch nicht ausgefüllte
Lücke im Chr. Alt. von dem Tode des Dogen Sebastian
Ziani bis zur Schilderung der Einnahme Konstantinopels
im Jahre 1204 gehabt, ist natürlich nicht mit Bestimmtheit
zu sagen. Doch dürfen wir im Hinblick auf die übrigen
Theile des Fragmentes wohl vermuthen, dass Dandolo daraus
mehrere Nachrichten über die in jene Zeit fallenden
Streitigkeiten mit Jadra und Ungarn (col. 309 C, 311 A,
B, C, 312 E, 316 C) und über das Verhältniss Venedigs
zu Pisa (col. 311 A, 317 BC, 319 E, 320 A) entnehmen
konnte. Dasselbe ist der Fall mit der Beschreibung der
Wahlen und Persönlichkeiten der beiden Dogen Aureus
Mastropetro und Heinrich Dandolo (col. 308 C und col.
315 D—316 A), mit den Vorbereitungen zum Kreuzzuge
von 1204 (col. 320 C) und schliesslich noch mit der (in
den Bericht des Paulinus eingeschobenen) Notiz, dass vor
dem Sturm auf Konstantinopel die den Hafen sperrende
Kette durch ein grosses Schiff, »der Adler« (Aquila) genannt, gesprengt werden musste. —

1) Einige dieser Nachrichten werden kurz auch in anderen Quellen,
namentlich in den oben besprochenen Annalen und bei Canale angeführt,
was die Existenz einer gemeinschaftlichen Quelle, eben jener »Chronica
Venetorum«, nur noch wahrscheinlicher macht. Nicht unerwähnt will ich
lassen, dass eine um 1360 entstandene venetianische Chronik (Cod. lat.
Marcian. cl. X, 36a), die auch Dandolo's Annalen in grossem Umfange
ausschrieb, eine grosse Verwandtschaft mit dem 5. und 6. Buche des
Chr. Alt. zeigt. Eine genauere Prüfung war mir nicht möglich.

Wenn wir dem chronologischen Faden folgen, müssen wir an der Hand von Foscarini's Literaturgeschichte [1]) kurz eines gewissen *Marsilius Giorgi* gedenken, der um die Mitte des 13. Jahrhunderts lebte und verschiedene öffentliche Stellungen bekleidet zu haben scheint. Als Bailo von Tyrus soll er im Jahre 1242 vom Senate den Auftrag erhalten haben, einen Bericht über die Verhältnisse der dort ansässigen Venetianer zu verfassen, wie sie sich seit den in den Jahren 1123 und 1125 verliehenen Privilegien ausgebildet hatten. Von diesen »Memoriali« soll dann namentlich der im 17. Jahrhundert lebende Venetianer Andrea Morosini in seinem Werke »Le imprese e spedizioni di Terra santa ecc.« (1627) Gebrauch gemacht haben; leider ist dieses Buch sowohl auf der hiesigen Hof- und Staats- als auch Universitäts-Bibliothek nicht vorhanden. Uebrigens glaube ich kaum, dass Dandolo aus jener Arbeit des Marsilius Giorgi irgend welches Material für seine Annalen entnommen hat. Die Geschichte der Eroberung von Tyrus, sowie die Darlegung der damals geschlossenen Uebereinkunft (col. 271) lässt sich durch andere Quellen belegen, und über die weitere Geschichte der venetianischen Niederlassung in Tyrus gibt Dandolo keine Aufschlüsse [2]).

In dieselbe Zeit versetzt Foscarini einen »*Pietro Giustiniano*«, der nach dem Zeugniss zweier späterer Geschichtschreiber, des Daniele Barbaro und des Pietro Morari von Chioggia, eine lateinische Chronik verfasst haben soll. Ob diese Chronik nicht doch dieselbe ist, wie die kurz vorher (Anm. 1, pag. 108) erwähnte

---

[1]) pag. 20 und 128 ff.

[2]) Wie ich nachträglich sehe, haben Tafel und Thomas in den Fontes rer. Austr. tom. 13 pag. 351—398 eine »Relatio« und ein »Memoriale« jenes Marsilio Giorgi veröffentlicht, die ich für identisch halte mit jenen »Memoriali«. Dandolo hat keinen Gebrauch davon gemacht.

»Chronica Venetorum« des 14. Jahrhunderts (Cl. X lat.
No. 36a der Marc.) möchte ich nicht so bestimmt verneinen,
als es Valentinelli gethan hat [1]). Jedenfalls ist bemerkenswerth, dass auf dem ersten Blatt jenes Codex sich —
leider stark verblichen — mehrere Verse finden, die von
dem Geschlecht der Giustiniani handeln. —

Eine weitere Hauptquelle Dandolo's war

die Chronik des Canale.

Sie ist nach dem einzigen bisher bekannten Florentiner
Codex auf der »Biblioteca Riccardiana« (No. 1919) im
8. Bande des Archivio Storico Italiano herausgegeben mit
einer italienischen Uebersetzung, zahlreichen Anmerkungen
verschiedener Gelehrter und einer grösseren Einleitung,
die über die Persönlichkeit des Autors und sein Werk
handelt. Hier darüber nur soviel, dass es zweifelhaft ist,
ob Martino de Canale ein geborener Venetianer war; jedenfalls hat er längere Zeit dort verweilt. Ungewiss ist auch,
ob er daselbst ein Amt verwaltet hat; er nennt sich selbst
»Maistre« und erzählt (§ 330), dass er bei der Wahl Jakob
Contarini's »a la table de la mer de Venise« sich befand,
und dass einer der drei »Visdomini de cele table« ihm die
Nachricht von der Erwählung des neuen Dogen brachte.
Diese »Visdomini« waren Zollbeamte, vielleicht hatte er
einen ähnlichen Posten inne. Seine Chronik, die er, wie
sein Zeitgenosse Brunetto Latini, in französischer
Sprache abfasste, weil diese nach seinen eigenen charak-
teristischen Worten »durch die Welt läuft und die lieblichste
zu lesen und zu hören ist« [2]), hat er, wie er selbst angibt,
im Jahre 1267 begonnen und dann zum Theil gleichzeitig

---

1) Bibliotheca manuscr. ad S. Marci Venet. tom. VI pag. 169 ff.

2) l. c. § 1 pag. 268: Et por ce que lengue franceise cort parmi le
monde et est la plus delitable a lire et a oir que nule autre, me sui je
entremis . .

fortgeführt. Dies geht deutlich hervor aus § 316, wo er die Erzählung unterbricht, um die Ankunft der von dem Concil zu Lyon (1274) zurückkehrenden venetianischen Gesandten abzuwarten. Der September 1275 (§ 337) ist das späteste Datum, das angegeben wird; die Erzählung bricht in dem Codex der Riccardiana ganz plötzlich ab. Dass dieser aber die Originalhandschrift nicht ist, bezeugen wiederholte Lücken, wie z. B. in § 28.

Die Geschichte Venedigs bis zum 13. Jahrhundert hat Canale nur kurz behandelt, meist auf schlechte Ueberlieferungen sich stützend; hingegen ist sein Werk für die Zeit von Jakob Tiepolo an als gleichzeitige Geschichtsquelle von ausserordentlicher Wichtigkeit, und der frische, lebendige, »romantisch-naive« Ton, den Canale in seiner Erzählung anschlägt, seine Schilderungen der Festlichkeiten und Gebräuche Venedigs erhöhen das Interesse ungemein und gewähren einen mannigfachen Reiz. Ueber seine Glaubwürdigkeit und sein Verhältniss zu früheren Quellen werde ich in einer anderen Arbeit handeln.

Auf die grosse Uebereinstimmung zwischen Canale und Dandolo namentlich in dessen letzteren Particen — wird in den Anmerkungen zur Ausgabe des ersteren (p. 710—766) wiederholt hingewiesen, jedoch ohne dass Canale geradezu als Dandolo's Quelle bezeichnet würde. Ist er denn das nun auch wirklich? Man könnte wenigstens zweifeln, ob Dandolo den Canale selbst in der Urschrift gelesen — umsomehr, da wir von einer alten, lateinischen Uebersetzung verschiedener Theile des Canale wissen: es ist

die Chronik des Markus.

Sie ist uns bis jetzt leider nur aus einer sehr mangelhaften, wohl auch mehrfach interpolirten Handschrift der Marciana (Cl. XI No. 124) bekannt, aus welcher zuerst Angelo Zon einige Bruchstücke veröffentlicht hat (Arch.

Stor. It. t. VIII). Der Autor sagt in dem Vorwort, dass
er einige alte und neue Geschichtswerke in gallischer
Sprache« [1]) gelesen, und um sie besser der Nachwelt zu
überliefern, »einiges Wenige« (quaedam pauca) daraus zusammengestellt habe. Er beginnt seine Arbeit im März
1292, jedoch enthält der genannte Codex der Marciana
noch Dokumente aus dem Jahre 1301 und 1303, und aus
dem Jahre 1304 wird noch ein zwischen den Venetianern
und Paduanern ausgebrochener Streit erzählt. — Es finden
sich nun allerdings einige wenige Stellen, wo Dandolo zum
Theil wörtlich an Markus anklingt, wie z. B. col. 370 B:
Marcus Michael — morte naturali — mortuus est.

> Canale (§ 175) — tant fu celui (Marc Michel) Cheveteins
> en Romanie, que li maus de la mort le sorprist et
> morut illeuc.
> Markus (§ 120) --- Marcus Michael missus ad custo-
> diam Romanie et in tantum fuit ibi, quod mortuus
> est morte naturali; — oder
> Dandolo (col. 288 C.) Tervisini — cum fugerent,
> aquarum semitas nescientes, ex parte necati sunt.
> Canale (§ 30): Et saches que li Tervisen ne savoient
> bien la voie, et les femes én pristrent asses — —
> Markus (§ 58 t. VIII pag. 263): Tunc autem mulieres
> cabrolenses — ceperunt cunctos tervisinos nescientes
> paludum et aquarum semitas per quas ibant.

An einigen Stellen stimmt auch Dandolo mehr mit
Markus überein, als mit Canale; so gibt er col. 353 A
die Stärke der mit dem Usurpator Vatatzes kämpfenden
venetianischen Flotte im Einklang mit Markus auf 16,
Canale (§ 84 p. 366) nur auf 10 Galeeren an und col. 366 B
die der genuesischen in Tyrus auf 22, Canale (§ 156 p. 458)

---

1) Dieser Zusatz bezieht sich wohl nur auf die neueren Historien
und zwar eben auf Canale; dass unter den alten namentlich das Chronicon Altinate verstanden, haben schon Andere betont.

nur auf 17 Galeeren. Namentlich setzt Dandolo mit Markus
die Wegnahme einer genuesischen Galeere bei der Insel Vul-
cano durch den venetianischen Kapitain Jakob Dandolo in die
Zeit nach dessen Aufenthalt in Tunis (col. 372 D), Canale
aber vor diesen(§ 205 p. 516) und hat hier das Zeugniss der
officiellen genuesischen Annalen (Mon. Germ. SS. tom.
XVIII pag. 256 unt.) auf seiner Seite. — Andrerseits aber
fehlt in der Chronik des Markus, wenigstens in der Gestalt, in der sie uns jetzt vorliegt, aus der letzten Regierungszeit Raynerius Zeno's und aus der Lorenzo Tiepolo's (im Vergleich zu Canale und Dandolo) eine solche
Menge von Notizen, dass — will man nicht annehmen die
Chronik des Markus sei früher umfangreicher gewesen, und
dieser Annahme stehen die Worte des Autors »quaedam
pauca« entgegen — dass, sage ich, man die direkte Benützung des Canale durch Dandolo wird unbedingt zugeben
müssen. An den kurz zuvor genannten Stellen scheint
Dandolo nur ganz willkürlich dem Markus gefolgt zu sein.
Aehnlich hat er (col. 371 B) die Zahl der unter Andreas
Barozzi's Befehl abgesandten venetianischen Schiffe — 55 —
wie es scheint, aus des Paulinus Chronik entnommen, der
er doch sonst für diese Ereignisse nicht folgt. — Ob
einige andere Differenzen zwischen Dandolo und Canale in
Zahlangaben — cf. col. 352 E und § 84, 85; col. 354 E
und § 106; col. 365 E und § 154; col. 366 B und § 156;
col. 366 E und § 164, 165 — auch auf eine andere, uns
noch unbekannte Quelle, oder auf einen Irrthum der Schreiber zurückzuführen sind, lasse ich dahin gestellt. Hingegen
darf nicht unerwähnt bleiben, dass Dandolo eine andere
Handschrift, vielleicht die Urhandschrift selbst des Canale
benutzt haben wird. Er nennt (col. 373 D) den Admiral der
Genuesen Ubertus Auria, in der Ausgabe des Canale (§ 213
p. 528) heisst er »Ubert Spinolla«; wie aber aus Anmerkung
241 (p. 736) hervorgeht, ist in dem Cod. Riccard. dieser
Name erst von späterer Hand zugesetzt; dasselbe ist der

Fall mit den Namen der (1270) nach Bologna abgeschickten Gesandten (§ 288 p. 632), an deren Stelle in der Urhandschrift des Canale vielleicht die von Dandolo (col. 380 D) genannten standen. Einige Abweichungen verschwinden durch die besseren Lesarten des Cod. M₁; so ist col. 349 B statt »Tenedum« »Auedum« (Abydum) zu lesen (= § 81), col. 352 C statt »rediens« »rodes« (= § 101, Stadt in Apulien), col. 367 A statt »XV Januensium galeas« »XXV« (= § 166). Bisweilen hat jedoch Dandolo den Canale wohl auch wirklich geändert. So in der chronologischen Anordnung der Erfolge, welche die von Peter Ziani gleich im Anfange seiner Regierung ausgesandte Flotte errang (col. 334 E; § 64—68). So auch col. 365 B, wo er berichtet, dass bei dem Ausbruch des grossen Kampfes zwischen Venedig und Genua die genuesischen Gesandten für die in Accon verübten Feindseligkeiten keinen Ersatz leisten wollten, während Canale § 153 das Gegentheil erzählt, aber hinzufügt, dass der Doge ihr Anerbieten zurückgewiesen habe [1]).

Im Uebrigen folgt Dandolo dem Canale ziemlich genau; in wie weitem Umfange er denselben ausgeschrieben hat, wird die Quellenanalyse zeigen. Dabei hat er, die rhetorischen Ausschmückungen Canale's bei Seite lassend, es verstanden, den Kern der Nachrichten herauszuschälen, wie er denn auch — wenigstens in den Annalen — für die frühere Geschichte Venedigs Canale mit wenigen Ausnahmen nicht benutzt hat. —

---

1) Die Genueser Annalen, die natürlich für diese Kämpfe stets heranzuziehen sind, geben hier keine genügenden Aufschlüsse (SS. t. XVIII p. 238 unten). Dass Dandolo dieselben benutzt habe, finde ich nicht; das col. 367 A angegebene Datum und der Name »Canea«, eines Ortes auf Kreta, (col. 374 A) fehlen allerdings bei Canale und stimmen mit den Ann. Gen. (p. 239 u. und p. 257 u.), scheinen mir aber nicht beweiskräftig genug für jene Annahme.

Die Chronik des Markus hat uns bereits in das 14. Jahrhundert hinübergeleitet; hier tritt uns nun zunächst der Name des

Marino Sanudo Torsello

entgegen, einer der glänzendsten in der venetianischen Literaturgeschichte. Dieser Autor, der sich namentlich durch sein grosses historisch-politisch-geographisches Werk »Liber Secretorum Fidelium Crucis« [1]) bekannt gemacht hat, war noch ein Zeitgenosse Dandolo's; Kunstmann hat noch aus dem Jahre 1334 Briefe von ihm veröffentlicht [2]). Jedoch hat Dandolo jenes Hauptwerk Marino Sanudo's nur indirekt durch das Geschichtswerk des Paulinus benutzt; übrigens bedarf das Verhältniss zwischen diesem und dem dritten, dem eigentlich historischen Theil des Sanudo'schen Werkes noch der näheren Aufklärung. Hingegen dürfte Dandolo aus einem anderen Werke Sanudo's, aus dessen »Istoria del regno di Romania«, welche Hopf in einer italienischen Uebersetzung zuerst herausgegeben hat [3]), einige Nachrichten zur Geschichte Romaniens entlehnt haben; so über die Eroberung der Insel Negroponte durch den Fürsten von Achaja, Wilhelm von Villehardouin, (col. 363 D zu vergleichen mit Hopf p. 101, 103) und über das spätere Missgeschick dieses Fürsten (col. 373 C cf. Hopf p. 107, 118). Ueber die Kämpfe der Herren von Negroponte mit Michael Paläologus stimmen beide Berichte nicht ganz überein (cf. col. 379 B und Hopf p. 121 ff.).

Frater Paulinus.

Schon früher (Forschungen zur deutschen Geschichte Bd. XV p. 145 ff.) habe ich auf diesen Autor, auf seine Geschichtswerke und vorzüglich auf deren Uebereinstimmung

---

1) ed. Bongars: Gesta Dei per Francos tom. II Hannover 1611.

2) Abh. d. k. b. Ak. d. Wiss. hist. Kl. Bd. VII.

3) Chroniques Gréco-Romanes inédites p. 99 ff. Berlin 1873. cf. Einleitung p. XV ff.

mit der von Muratori (Antiquit. tom. IV) veröffentlichten
Chronik eines sonst unbekannten »Jordanus« aufmerksam
gemacht und auch die Vermuthung ausgesprochen, der
»frater Paulinus«, der spätere Bischof von Pozzuoli, möchte
auch der Verfasser jener Chronik des Jordanus sein. Weitere handschriftliche Studien haben mich zu der Ueber-
zeugung geführt, dass dem in der That so ist, und ich glaube
dafür vollgiltige Beweise beibringen zu können. Indem ich mir
dies aber für eine andere Untersuchung vorbehalten muss, will
ich hier nur darauf hinweisen, dass in dem Codex der Lauren-
tiana (S. Croce) Sin. plut. XXI, 1, der, wie ich damals
schon bemerkte, die sogenannte »Satyrica Jordani« enthält,
von alter Hand unser Paulinus als Verfasser bezeichnet
wird; so fol. 150ᵇ: Horum omnium euangeliorum expositiones
quaere in hoc libro speculi Paulini in capitulis et partibus allegatis, und gleich darauf: Speculum Paulini
siue Satyrica rerum gestarum mundi est ad usum fratris
Thedaldi de Mucello ordinis minorum.

Und dass dieser Codex wenigstens in dem Jahre 1406
geschrieben war, bezeugt eine Notiz in demselben, wonach
er in eben diesem Jahre von dem »frater Thedaldus de
Casa« der Bibliothek der Minoriten in Florenz geschenkt
wurde [1]. Dandolo folgt in seinen Annalen, wo er — um
dies zu wiederholen — den Paulinus dreimal (col. 79 D;
110 C; 170 D), und zwar als »Bischof Paulinus« citirt,

---

[1] Erst nach der Veröffentlichnng jenes Aufsatzes hat mich eine Bemerkung Scheffer-Boichorst's in 'seiner Recension des Riezler'schen
Buches: »Die literar. Widersacher etc.« (Jenaer Literaturzeitung 1874
No. 622) belehrt, dass der philosophisch-politische Traktat des Paulinus
»de recto regimine« oder »de regimine rectoris« bereits veröffentlicht ist.
Es ist dies in vorzüglicher Weise geschehen von Adolf Mussafia (1868),
und es sei auf dieses, namentlich auch sprachlich sehr interessante,
trefflich ausgestattete Buch ausdrücklich verwiesen. In der Einleitung
wird auch der Chronik des Paulinus kurz gedacht, nicht aber des Zu-
sammenhanges mit dem Jordanus und der verschiedenen Recensionen.

gleichfalls der »Chronik des Jordanus« oder der dritten Recension des Paulinus, wie wir sie fortan bezeichnen müssen. So steht, um nur ein Beispiel anzuführen, bei der Erzählung von Otto's des Grossen erstem und zweitem Römerzug (col. 206 E, 207 A, B, C) der Passus »Tunc — fugit« nur in der dritten Recension des Paulinus.

Diesem Autor verdankt Dandolo wie ich das schon früher angedeutet habe, seine meisten Nachrichten zur allgemeinen, speciell zur Geschichte der deutschen Kaiser und der Päpste. Gar manche Citate aus anderen Schriftstellern sind aus dem Paulinus herübergenommen, wie ihn denn Dandolo meist wörtlich ausschreibt. Auch für die Geschichte Venedigs gewährte ihm das Werk des Paulinus reichen Stoff; neben vielen einzelnen Notizen hat er aus demselben namentlich folgende grössere, zusammenhängende Berichte geschöpft: über den Einfall Attila's in Italien und den der Longobarden, sowie theilweise über die dadurch veranlassten neuen Ansiedelungen an der Küste. Ferner über den Zug der Venetianer nach dem heiligen Land im Jahre 1122 unter dem Dogen Dominikus Michael und die dort errungenen Erfolge; sowie besonders über die Unterhandlungen und angeblichen Kämpfe zwischen Kaiser Friedrich I und den Venetianern, welche dem Frieden von Venedig vorausgingen, und über die Ehrenvorrechte, welche der Papst dem Dogen damals verlieh oder verliehen haben soll. Hingegen hat er die Verse im Lateran auf den venetianischen Frieden (col. 304 A) schwerlich aus Paulinus entnommen; die Handschriften der dritten Recension haben nämlich sämmtlich — soviel ich ihrer bisher gesehen — die zwei ersten und die vier letzten Zeilen nicht. In der zweiten Recension, die Dandolo ebenfalls gekannt haben dürfte, fehlen gleichfalls die vier letzten Zeilen. Die gleiche Anzahl, wie bei Dandolo, habe ich in einem Codex (B IV, 13) der Biblioteca Casanatense gefunden, wo sie angeb-

lich vom Lateran selbst kopirt sind ¹). — Auch der Darstellung des vierten Kreuzzuges liegt wesentlich des Paulinus Bericht zu Grunde; fast mit denselben Worten erzählt
dieser die Unterwerfung Jadra's, die Verhandlungen mit dem
jungen Alexius, den Sturm auf Byzanz, die Thronerhebung
des Alexius, dessen Sturz durch den Usurpator Murciphus
und den nochmaligen Sturm auf die Stadt. Selbst der
Hinweis auf eine venetianische und eine franzö-
sische Geschichte (col. 322 D) findet sich ebenso
schon bei Paulinus, sowohl in der ersten als auch in der
dritten Recension. Nur einer kleinen, aber doch charak-
teristischen Aenderung Dandolo's muss ich gedenken.
Paulinus nennt den Dogen Heinrich Dandolo (corpore debilis) »schwach an Körper«, Dandolo aber (col. 322 C)
»schwach an Gesicht« (visu debilis) mit Beziehung auf den
bekannten, übrigens vielfach angezweifelten, Vorgang, wonach der genannte Doge bei einer Gesandtschaft an den
griechischen Hof unter dem Dukat des Sebastian Ziani
vom Kaiser Emanuel durch eine Art Blendung des Augen-
lichtes zum Theil beraubt worden sein soll: »visu aliqua-
liter obtenebratus est« sagt Dandolo (col. 298 C) — wohl
im Anschluss an eine Familientradition. — Endlich geht
auf Paulinus, zum grossen Theil wenigstens, zurück Dandolo's Erzählung von den Kämpfen Venedigs mit Kaiser
Friedrich II in dessen letzter Regierungszeit und mit seinen
Anhängern, insbesondere mit Ezzelin von Romano und

1) Carmina, heisst es dort, hac paginula depicta extracta fuere per
me Jacobum Gradonico militem, dum in urbe residerem, annis domini labentibus MCCCLXXXVIII ex quadam facie muri ueteris concre-
mati in ecclesia Lateranensi, in quo, ut percipi poterat, fuerat iam (?)
picta historia discordie inter Alexandrum tertium pontificem et imperato-
rem Federicum Barbarossa et uictorie, quam contra eundem Federicum
urbs Veneta tunc obtinuit sub duce domino Sebastiano Ziani, ex quo ?
inter eos concordia celebrata est. Inde plurimas indulgentias atque pre-
eminentias idem summus pastor urbi Venete concessit.

dessen Bruder Alberich. Auch das längere Citat aus dem
Geschichtschreiber der Thaten Ezzelin's« (col. 368 BCD)
ist aus Paulinus.

Ausserdem hat Dandolo bei diesem seinen Zeitgenossen mehrere ausführliche Beschreibungen von Auffindung
und Uebertragung venetianischer Heiligen vorgefunden und
sie mit einigen Kürzungen, »zum Theil auch Zusätzen, im
Uebrigen wörtlich seinen Annalen eingefügt. So die translatio des heiligen Hermakoras und Fortunatus von Aquileja nach Grado (col. 114 A B); wörtlich auch die spätere
Wiederauffindung dieser und anderer, verloren geglaubter,
Heiligen (col. 238 DE—239 A); ebenso die translatio des
heiligen Isidor aus Chios nach Venedig (col. 272 AB). Gekürzt ist die Wiederauffindung Johannes des Täufers (col.
265 BC); der translatio des heiligen Tharasius (col. 236 D
—237 D) hat Dandolo die Notiz hinzugefügt, dass das
Schiff, auf dem der Heilige übertragen wurde, seinem eigenen Ahnen, einem Dominikus Dandolo, gehört habe (cf.
oben pag. 23). Die translatio des heiligen Markus (col.
170 E—171 E statt »Artalia« ist zu lesen »Stroalia«,
stimmt bei beiden Autoren wörtlich überein; nur hat Dandolo noch die Notiz, dass die beiden Männer, welche den)
Heiligen entführten, gegen das Verbot (des griechischen
Kaisers und des Dogen) mit 10 Kauffahrteischiffen nach
Alexandria gefahren waren [1]) (col. 171 A) und deshalb
auf dem Rückweg erst Verzeihung für die Uebertretung
des Gebotes erlangen mussten (col. 171 E). Dandolo hat
daher neben dem Paulinus hier noch eine andere Quelle
benützt, höchst wahrscheinlich die in einem Codex der
Vaticana enthaltene translatio [2]), aus welcher auch Paulinus
seine Erzählung zusammengestellt haben mag. — Ebenso

---

1) allerdings durch den Wind verschlagen »impellente vento«.

2) Cornelius Dec. XIII p. 7 und 12; sie ist abgedruckt bei Baronius
Anm. Eccl. ad a. 820. Auch col. 167 BC geht darauf zurück.

verhält es sich bei der translatio des heiligen Nikolaus (col.
256 B — 258 B), wo Dandolo die Darstellung des Paulinus kürzt, daneben aber dessen eigene Quelle, die schon
früher (p. 96) erwähnte, alte *translatio* benutzt, welche bei
Ughelli It. sacra t. V col. 1220 ff. und bei Cornelius Dec. XII
p. 6 ff. abgedruckt ist. Die Zahl der Schiffe (200, col.
256 B), die Landung in Dalmatien (col. 256 B) und die
Verleihung von Privilegien an die Venetianer durch König
Gottfried von Jerusalem (col. 258 B) sind dieser translatio entlehnt. — Die translatio des Stephanus Proto-
martyr endlich (col. 262 D — 263 B) fehlt, soviel ich sehe,
bei Paulinus ganz; für sie hat Dandolo wohl die bei Cornelius Dec. XI pars 2 pag. 96 ff. mitgetheilte, grössere
translatio benutzt, und daher stammt auch wahrscheinlich
der Name der Gemahlin des Dogen Ordelafus Faledro und
zum Theil die Charakteristik beider (col. 259 BC) [1]).

Für die übrigen, kürzeren Nachrichten von den Trans-
lationen der zahlreichen Heiligen-Reliquien, welche die Venetianer »darnach sehr begierig« (circa talia solliciti),
wie es bezeichnend bei Dandolo (col. 265 C) aus Paulinus
heisst — sich zu verschaffen wussten, bildete Dandolo's
Hauptquelle vermuthlich die grosse Legendensammlung
eines anderen Zeitgenossen, des

Petrus Calo.

Dieser[2]), ein Predigermönch aus Chioggia, hat wenigstens

---

1) In Cod. M₁ lautet der bei Muratori etwas verworrene Passus so:
Ordelafus Faledro dux sublimatur Anno Dom. MCII. Hic ingenio clarus
et aetate iuvenis sceptrum obtinens non solum reipublicae gessit decus,
sed etiam pro eodem multipliciter augendo dies suos gloriosissime terminavit. Am Rand steht dann: Hic fuit filius Vitalis Phaledro ducis, vir
eloquentissimus, ingenio calidus, consiliis providus, armis strenuus, aetate
satis iuvenis, sed senex moribus. Hic habebat uxorem
nomine Matildem, regiam prolem, mulierem mirae probi-
tatis. Gerade diese letzten Worte stehen auch in der translatio.

2) cf. Foscarini p. 131: Valentinelli Bibliotheca etc. t. V p. 297;
und »Nuova Raccolta d'opuscoli« (Venez.) tom. XXXIX p. 84 ff.

bis zum Jahre 1340 oder 1342 gelebt und zwei Bücher (in sechs Bänden) »Legendae de tempore et de Sanctis« geschrieben, ein grosses Repertorium der Heiligengeschichte. Leider habe ich erst nachträglich gefunden, dass das Werk auf der Marciana noch handschriftlich erhalten ist: (nach Valentinelli) Cl. XXI Histor. eccles. Cod. 128—133 membr. sec. XIV (L. IX, XV—XX). — Dass Dandolo dies Werk gekannt hat, geht unzweifelhaft daraus hervor, dass er den Autor selbst zweimal in den Annalen — als »Frater Petrus de Clugia« — citirt: col. 273 C bei der translatio des Bischofs Donatus und col. 301 D für die angeblich heimliche Ankunft Alexanders III nach Venedig. Aus dem in der »Nuova raccolta« mitgetheilten Index kann ich wenigstens die Stellen bezeichnen, die mit den betreffenden der Annalen Dandolo's zu vergleichen sind. —

Aus der ersten Hälfte des 14. Jahrhunderts werden uns noch mehrere Schriftsteller genannt: so von Sansovino (Venezia descritta p. 317, 364) ein *Pietro Guilombardo*[1]) welcher, um das Jahr 1330 lebend »memoriali« verfasst haben soll die, wie es scheint, vorzüglich die städtischen Verhältnisse jener Zeit behandelten, vielleicht eine Art Tagebücher waren. Ob Dandolo davon Gebrauch gemacht hat, steht dahin; vielleicht war jener Pietro auch einer derjenigen, gegen welche er sich col. 157 A wendet.

Ferner wissen wir[2]) von zwei grösseren Darstellungen des venetianischen Friedens und der vorhergehenden Ereignisse aus derselben Zeit. Die eine hat zum Verfasser einen langjährigen (1317—1346) »Notarius« von Venedig, Namens *Bonicontro*; die andere — in Versen — hat ein gewisser *Castellano* aus Bassano um 1331 verfasst und dem Dogen Franciscus Dandolo gewidmet. — Auch fehlt es nicht an Darstellungen in altem italienischen oder veneti-

---

1) cf. Foscarini p. 137.

2) cf. Pertz Mon. Germ. SS. t. XIX p. 461 und Cicogna Iscriz. venez. t. IV p. 579.

tianischen Dialekt über denselben Gegenstand. Diese mag
Dandolo im Auge gehabt haben, wenn er (col. 301 D) —
gerade bei der Erzählung jenes Friedens — von

Venetorum Historiae

spricht. Aehnliche zusammenfassende Ausdrücke hat Dandolo in seinen Annalen öfters gebraucht, und wir müssen
nun — soweit dies nicht schon früher (cf. oben pag. 75, 76)
geschehen ist — untersuchen, was sie zu bedeuten
haben. Die meisten Nachrichten, welche so verbürgt
werden sollen, lassen sich, wie ich dies sogleich zeigen
werde, aus den uns schon bekannten Quellen belegen. Es
würde sich also die Frage erheben, ob Dandolo noch
»andere«, ob er wirklich so »sehr viele« Quellen (»plurimi«)
benutzt habe. Ich darf hier nicht unterlassen, auf eine
Stelle hinzuweisen, die namentlich gegen den letzten Ausdruck ein gewisses Misstrauen hervorzurufen geeignet ist.
Col. 227 B beruft sich Dandolo für den Eroberungszug
Peter's II Orseolo nach Dalmatien auf einen »Bericht«, den
er in »ganz alten Handschriften der Griechen und Venetianer« gefunden [1]. Nun hat aber Dandolo hier, wie ich schon
oben (p. 63) erwähnte, den Johannes Diakonus mit ganz geringen Ausnahmen wörtlich ausgeschrieben, und dieser
schöpft hier nicht aus einer anderen Quelle, so dass der
Ausdruck »Venetorum codices«, wenn er nicht verschiedene Handschriften des Johannes Diakonus bezeichnen soll,
mindestens eine Uebertreibung enthält; und ähnlich wird
es mit den »authenticis et vetutissimis Codicibus« (col. 98 E)
für die angebliche Synode von Grado um 580 sein. Andrer-

---

1) Veneti ab illis (sc. maritimis Civitatibus Dalmatiae) evocati cum
permissione Basilii et Constantini Imperatorum Constantinopolitanorum
dominium Dalmatiae primitus acceperunt, ut historia, quam reperimus in antiquissimis Graecorum et Venetorum codicibus,
prout sequitur, seriose declarat.

seits haben wir im Lauf unserer Untersuchung einige der
uns bekannten Quellen als nicht völlig ausreichend erkannt.
Wir vermissten eine umfassendere Quelle für
die Geschichte des Patriarchats von Aquileja
und von Grado, andere Verzeichnisse der Bischöfe von Olivolo und Torcello und selbst eines
der Dogen Venedigs. Und gerade auf diesen Kreis
von Nachrichten beziehen sich einige der in Rede stehenden Citate Dandolo's. Von dem Patriarchen Ursus Orseolo
der über ein Jahr lang den Staat leitete, sagt unser Autor
(col. 240 C), dass, obwohl er nicht Doge gewesen, die alten
Venetianer ihn doch, da er gerecht regiert habe, in den
Katalog der Dogen aufgenommen hätten (antiqui Veneti
in Catalogo Ducum illum posuerunt). Nun wird er
allerdings in den Dogenverzeichnissen des Chronicon Altinate und bei Canale aufgeführt; aber diese reichen eben
für die anderen Dogen nicht aus. — Den Patriarchen
Cyprian, sagt Dandolo (col. 112 E), nennen diejenigen,
welche die Thaten der Venetianer erzählen, einen Heiligen (recitantes Venetorum gesta Sanctissimum
affirmant) — dies geschieht weder im Chronicon Gradense
bei Pertz noch im Chr. Alt. noch in der Chronik des Johannes Diakonus. — Den Patriarchen Dominikus bezeichnet
Dandolo (col. 195 B) als Sohn des Dogen Peter Tribunus
(888—912), setzt aber hinzu, dass »nach einigen Berichten«
(ut quidam referunt) derselbe nur ein Verwandter
des genannten Dogen gewesen; in den Verzeichnissen des
Chr. Altinate erscheint er nur als der Sohn desselben.
Hingegen können unter den »quidam«, welche berichten,
dass der Bischof Dominikus von Olivolo gegen den Willen
des Dogen Peter Tribunus erwählt worden sei (col. 198 A)
und ebenso unter den »plurimi«, welche den gewaltsamen
Tod dieses Dogen (col. 198 A) erzählen, sowie unter den
»quidam«, welche von einem fünften Sohne des Dogen
Ursus Participazio wissen (col. 188 C) und als solchen den

Patriarchen Viktor II von Grado bezeichnen, eben diese Verzeichnisse des Chr. Alt. verstanden sein. Und wenn wir nach den ›Handschriften‹ fragen, in welchen nach Dandolo (col. 138 A in aliquibus Codicibus invenitur, dem Magister militum Deusdedit zwei Amtsjahre zuertheilt werden, so finden wir diese Notiz — jedoch ohne den von Dandolo angeführten, wohl von ihm selbst kombinirten Grund [1] — in den Dogenverzeichnissen bei Pertz, im Chr. Altinate (und bei Canale cf. § 6). Das Chr. Alt. (»Buch VIII·«), Canale (§ 9) und Markus sind es auch, welche (col. 159 A alii scripserunt) von den verrätherischen Plänen des Dogen Obelierius und seiner engen Verbindung mit den Franken schreiben, während Dandolo's Hauptquelle für diese Zeit, die Chronik des Johannes Diakonus, davon nichts weiss. Diese hinwiederum und jene translatio S. Marci, die in einem Codex Vaticanus überliefert ist, dürften die ›wahrhaften Geschichten der Venetianer‹ sein (col. 79 D ipsorum Venetorum verissimae (M₁ veraces) tradunt Historiae), auf deren Zeugniss sich unser Autor beruft, wenn er die translatio jenes Heiligen in den Anfang des 9. Jahrhunderts setzt. Dabei ist ihm jedoch, um dies gleich hier zu erwähnen, ein nicht wegzuläugnender [2] Fehler mit untergelaufen: er sagt nämlich an unserer Stelle (col. 79 D) die translatio sei erfolgt im Jahre 828 zur Zeit des byzantinischen Kaisers Leo V, und auch später (col. 170 C) behält er diese Zahl bei; denn er setzt die translatio in das zweite Jahr der Alleinregierung des Dogen Justinian Participazio. Nun aber war Leo V im Jahre 828 bereits todt, und Dandolo erzählt selbst (col. 167 C), dass er von seinem Nachfolger Michael Do-

---

[1] dass nämlich Deusdedit nach Ablauf des ersten Amtsjahres bereits für ein zweites bestätigt gewesen sei (videlicet quod completo primo anno pro secundo denuo fuit approbatus).

[2] cf. Cornelius Dec. XIII p. 1 pag. 20 ff.

mesticus im Jahr 820 am Weihnachtstage ermordet worden
sei. Cornelius verlegt daher die translatio in die Zeit von
814—820, wo Justinian Mitregent seines Vaters Agnellus war.

In welchen »alten Büchern« Dandolo die Flucht des
Papstes Benedikt III nach Venedig gefunden (col. 179 E
sicut in quibusdam antiquissimis Libris reperimus),
lässt sich aus den bisherigen Quellen nicht ermitteln.
Vielleicht standen ihm hier Aufzeichnungen aus dem Kloster
San Zaccaria, das Benedikt III besucht und mit einigen
Reliquien beschenkt haben soll, zu Gebote, vielleicht

ausservenetianische Quellen,

wenn ich zusammenfassend die nicht in Venedig entstan-
denen und nicht vorzugsweise von Venedig handelnden
Geschichtsquellen so bezeichnen darf. Solche sind sicher
an beiden folgenden Stellen mit eingeschlossen: col. 250 A
wo unter den »Geschichtschreibern« (Historiographi),
welche Dalmatien die erste Provinz Griechenlands nennen,
neben dem Paulinus wenigstens noch der Archidiakon
von Spalato, Thomas, verstanden ist, der selbst wieder
den Isidor als Gewährsmann nennt — und col. 158 E,
wo Paulinus und dessen Quelle Sigebert von Gembloux
diejenigen (quidam) sind, welche berichten, dass Karl der
Grosse Venedig — nach dem misslungenen Angriff im
Jahre 809 oder 810 — dem griechischen Kaiser Nicephorus
überlassen habe. —

Zu diesen, den nicht-venetianischen Quellen Dandolo's
müssen wir uns nunmehr wenden; wir werden jedoch auch
sie nur so weit prüfen, als sie unserem Autor Material zur
venetianischen Geschichte geliefert haben. Den Uebergang zu
ihnen bilden einige Schriftsteller, die man eigentlich noch der
venetianischen Literaturgeschichte beizählen könnte —
solche nämlich, welche in Städten oder Gegenden, über
welche Venedig wenigstens zu Dandolo's Zeit herrschte,

geboren waren, lebten und die Geschichte ihres engeren
Vaterlandes zunächst sich zum Vorwurf ihrer Arbeiten
nahmen. Diese ist dann eben oft zugleich ein Stück der
venetianischen Geschichte. Dahin rechne ich die *paduanischen*
und die *dalmatischen* Geschichtschreiber. Von den ersteren
ist hier zu nennen der bekanntlich von 1200—1276 lebende

Rolandin von Padua.

Dieser war, wie ich glaube, Dandolo's Gewährsmann
für das im Jahre 1214 in Treviso veranstaltete Spiel, das
zu ernsten Zwistigkeiten zwischen 'den Venetianern einer-
und den Paduanern und Trevisanern andrerseits Anlass
gab. Namentlich wissen die venetianischen Quellen, denen
Dandolo für den kurzen Kriegszug folgt[1]), von diesem Spiel
nichts zu erzählen; und auch in den anderen paduanischen
Quellen finde ich es nicht so ausführlich geschildert, wie
in Rolandins Chronik (Pertz Mon. Germ. SS. t. XIX
p. 45, 46. cf. Dandolo col. 338 DE). Auch den Bericht
über den Wiederausbruch des 1216 beigelegten Streites —
im Jahre 1221 nach Dandolo, 1220 nach Rolandin — hat
Dandolo aus diesem entnommen und gekürzt (cf. Murat.
col. 342 CD und Pertz p. 47 u.). Das Gleiche ist der
Fall bei der Einnahme des »Castrum Fontis« bei Bassano
durch Ezzelin im Jahre 1228, wo der Doge Peter Ziani
zu vermitteln suchte (cf. col. 344 E — 345 A und Pertz
p. 50 § 9 ff). Auch der Anschlag Friedrichs II auf Treviso
(col. 347 C), der namentlich durch den Podestà von Padua
Peter Tiepolo, den Sohn des Dogen Jakob Tiepolo, ver-
eitelt ward, geht auf Rolandin zurück (cf. Pertz p. 61 m.).
Den angeblichen Tod hingegen dieses Peter Tiepolo, der als
Podestà von Mailand 1237 von Friedrich II gefangen ge-

---

1) Die von ihm angegebenen Daten, den 17. und 22. Okt.,
die sonst nirgends erwähnt werden, hat er vielleicht aus einer Urkunde
geschöpft; Markus nennt ebenfalls den Monat Oktober.

genommen wurde, erzählt unser Autor wohl im Anschluss an die, Ende des 13. Jahrhunderts verfasste, Kaisergeschichte des *Riccobald von Ferrara* [1]) aus welcher er (col. 351 E) auch den Namen des Hugo de Rambertis entlehnen konnte, der den Parteigänger Friedrichs, den 80 jährigen Salinguerra, an die Venetianer und ihre Verbündeten verrieth. Rolandin berichtet nur, dass jener Peter Tiepolo nach Apulien gebracht ward. — In eigenthümlicher Weise aus Rolandin kombinirt — wenn wirklich aus diesem entnommen — erscheint bei Dandolo der Tod eines Marinus Dandolo, Podestà von Treviso, im Jahre 1233. Bei Rolandin wird nämlich zum Jahre 1232 erzählt (p. 58 m.), dass einige Ruhestörer aus einem Ort des Gebietes von Treviso die benachbarten Plätze des paduanischen geplündert hätten, worauf der Podestà von Padua von den Gebietern jenes Ortes Rechenschaft verlangte und erhielt; unter dem Jahre 1233 wird dann berichtet, dass Marinus Dandolo auf dem Wege von Treviso nach Mestre von einem Manne getödtet worden. Bei Dandolo aber (col. 348 C) wird derselbe von Verwandten einiger jener Ruhestörer ermordet, die er mit dem Tode hatte bestrafen lassen.

Mit dieser Chronik des Rolandin war vielleicht in der Handschrift ein Verzeichniss der Podestà von Padua (mit historischen Notizen) vereinigt, wie ein solches bei Muratori (Scr. t. VIII col. 365 veröffentlicht ist; und daher dürfte Dandolo's Nachricht von dem Brande in Padua (1174 col. 300 D) und seine Kenntniss der Namen verschiedener Podestà von Padua stammen, wie col. 333 E. —

Von den Dalmatinern kommt hier nur in Betracht der Zeitgenosse Rolandins, der von 1200—1268 lebende

---

1) Muratori SS. tom. IX col. 129 A und 130 A. Von dem Tod Peters Tiepolo wissen auch die Annales Veronenses (Pertz Mon. t. XIX p. 10 u.

Thomas, Archidiakon von Spalato.

Da ich seines Verhältnisses zu Dandolo bereits bei Besprechung des Cod. M_1 gedacht habe, so begnüge ich mich hier nur zu erwähnen, dass Lucius, der erste Herausgeber der »Geschichte von Salona« des Thomas, an einigen Stellen nachweist, wie dessen Fehler auch in die Annalen unseres Autors übergegangen sind[1]). Nur eine Bemerkung erlaube ich mir hinzuzufügen. Dandolo erzählt (col. 227 A), dass zur Zeit Peters II Orseolo nach dem Tode des Kroatenkönigs Tirpimir zwischen dessen Söhnen Mucimir und Surigna Thronstreitigkeiten ausbrachen, die mit dem Siege des ersteren endeten, schliesslich aber den Venetianern Gelegenheit gaben, sich einzumischen und Dalmatien zu unterwerfen. Nach Lucius (p. 79)[2]) regierte aber Tirpimir ein ganzes Jahrhundert früher; statt Mucimir sei Dircislav gemeint, und Surigna, dessen Namen aus Johannes Diakonus entnommen ist, sei dessen Bruder Cresimir. Zu diesem Irrthum habe sich Dandolo durch den Archidiakon Thomas verleiten lassen, der den Tirpimir und Mucimir in das Jahr 990 unter die Könige[3]) versetze. Nun sehe ich allerdings, dass an der nämlichen Stelle Thomas von Dandolo für diese Notiz benutzt ist, dass die Herrscher Kroatiens von den griechischen Kaisern die Abzeichen ihrer Würde erhielten (cf. col. 227 A und Thomas cap. 13); aber jene Namen finde ich nicht bei Thomas.

Ebensowenig ist es mir gelungen, zu entdecken, welche »alten, griechischen Handschriften[4]) Dandolo für den mehrerwähnten Zug Peters II Orseolo nach Dalmatien vorgelegen sein mögen. Lautete das Citat (col. 227 B) nicht so

---

1) De regno Dalm. et Croat. (1660) p. 115 b.

2) cf. Dümmler: Ueber die älteste Gesch. der Slaven in Dalmatien. (Sitzgsber. der Wiener Ak. Bd. 20, p. 353 ff.).

3) nach Lucius waren diese nur Herzöge.

4) cf. oben pag. 122.

ausdrücklich auf eine Geschichte des Zuges, so könnte man vermuthen, es beziehe sich auf griechische U r k u n d e n, in denen von der ›Zustimmung der griechischen Kaiser‹ zu dem Zuge oder der Besitzergreifung Dalmatiens durch die Venetianer die Rede war — umsomehr als, wie wir schon wiederholt betonten, Dandolo gerade hier den Johannes Diakonus fast wörtlich ausschreibt. — Auf die anderen, in unseren Annalen angeführten ›Codices‹ oder ›Historiae Graecorum‹ (col. 48 B, 258 C, 263 B, 273 C) gehe ich deshalb nicht näher ein, weil darunter Dandolo vermuthlich nur die griechischen Schriftsteller zusammenfassen wollte, welche er in den von ihm benutzten Heiligengeschichten citirt fand. Von grösserem Interesse ist die Frage, ob Dandolo bei den Kämpfen Robert Guiscards mit Byzanz und Venedig sich auf den Bericht der A n n a C o m n e n a stützt. Ich finde eine viel grössere, bisweilen wörtliche Uebereinstimmung Dandolo's mit den Annalen des

Romuald von Salerno.

Ueber die Kämpfe Boamunds, des Sohnes von Robert Guiscard, während der Abwesenheit seines Vaters berichten z. B. Beide folgendermassen:

Dand. col. 250 B: Interea Boamundus, absente Patre, cum Graecis duo proelia gessit, quorum primum viriliter vicit, alterum vero Alexius cautelose agens obtinuit	Pertz SS. t. XIX p. 411 o. Inter hec Boamundus filius ducis absente patre duo cum Alexio imperatore proelia gessit, quorum unum Boamundus ipse viriliter vicit, alterum vero imperator vicit, non tamen vi set invidiose agens

wobei noch besonders zu betonen ist, dass nach der Erzählung der Anna Comnena d r e i Kämpfe stattfanden. Man vergleiche ferner Beide (col. 248 DE—249 C und

Pertz p. 408—410) über den Sturz Kaiser Michaels durch Nicephorus Botaniotes, über den ersten Zug Roberts nach Dyrachium und besonders über die Empörung des Mega-domesticus Alexius — z. B. col. 249 A «vos omnes ditabo» = pag. 409 m. die Schlussworte der Rede des Alexius — und über den Sturz des Nicephorus, sowie über den Sieg Roberts in der Schlacht bei Dyrachium, in welcher der Sohn des früheren Kaisers Michael auf Betreiben des Alexius »in prima acie« fiel. Nur darin weichen Beide von einander ab, dass Dandolo den letzten Sieg Roberts zur Zeit Vitalis Faledro's bei Sasinum (wahrscheinlich die Insel Saseno in der Nähe von Aulona an der albanischen Küste) stattfinden lässt (col. 251 A), Romuald aber für diesen Sieg gar keinen Ort angibt (pag. 411 o.), während Beide wiederum als Todesort Roberts — fälschlich — die Insel Cassiope nennen; denn Cassiope ist ein Ort der Insel Corcyra (Anm. 22 ad p. 411 bei Pertz). Ob jener Name »Sasinum« vielleicht am Rande der Handschrift des Romuald bemerkt war? wie ja auch die erste Nieder-lage Roberts bei Dyrachium, die durch die venetianische Flotte vorzüglich herbeigeführt ward, von Romuald ver-schwiegen, von einem Anderen aber interpolirt wurde (p. 408 u.).

In Romuald vermuthe ich auch die Quelle Dandolo's für die Namen der Befreier Ankona's bei der Belagerung durch Christian von Mainz und die Venetianer (col. 299 C = p. 441 m.). —

Aus der Zahl der übrigen Schriftsteller möchte ich noch den

Paulus Diakonus

hervorheben, auf dessen Zeugniss Dandolo sich öfters be-ruft (col. 110 C, 117 B, 135 B C) und dessen Longobarden-geschichte er auch sonst für die Geschichte Venedigs und Aquileja's ausgeschrieben hat (col. 104 ABC, 106 D, 128 C, 134 E, 137 A). Paulus Diakonus ist wohl der Urheber des

Fehlers, dass Dandolo die Zerstörung der Stadt Opitergium (Oderzo) durch den Longobardenkönig Rotharit vor den Tod des Kaisers Heraklius setzt (col. 115 E und 117 D). Bei Paulus[1]) wird nämlich lib. IV cap. 47 die Einnahme der Stadt und cap. 51 der Tod des Kaisers erzählt (»His diebus defuncto Heraclio Augusto«).

Die anderen Autoren, die noch zu nennen sind, bieten geringen oder gar keinen Anlass zu kritischen Bemerkungen; ein grosser Theil der Stellen, an denen sie von Dandolo citirt werden, ist gar nicht direkt aus ihren Werken, sondern aus dem des Paulinus entnommen. Um dies Verhältniss zu veranschaulichen, genügt es, dem — mit Paulinus ganz gleichlautenden — Bericht Dandolo's von der Gemahlin des Dogen Dominikus Silvo den des

Petrus Damiani

selbst gegenüber zu stellen.

Dand. col. 247 E. Ait Petrus Damianus: Dux Venetiarum Constantinopolitanae Urbis habebat uxorem, quae tam artificiosa voluptate se mulcebat, ut communi aqua se nollet abluere, cibos etc. . . . .

Migne Patrol. t. 145 pars III c. XI (780): Veracis itaque et honesti viri didici relatione quod narro: Dux Venet. Const. urbis civem habebat uxorem, quae nimirum tam tenere tam delicate vivebat, et non modo superstitiosa sed artificiosa, ut ita loquar, sese iucunditate mulcebat, ut etiam communibus se aquis dedignaretur abluere, sed eius servi rorem coeli satagebant undecunque colligere, ex quo sibi laboriosum satis balneum procurarent.

---

1) Muratori SS. t. I, 1.

Hingegen steht das Citat aus Petrus Damiani [1]) bei
der translatio S. Marci (col. 170 C) nicht bei Paulinus, so
dass Dandolo denselben doch auch selbständig benutzt
haben muss; und ähnlich verhält es sich mit den meisten
der folgenden Autoren: *Hieronymus* (col. 50 A, 53 C.
66 AB), *Rufinus* (col. 53 D), *Cassiodor* (col. 88 BC), *Sigebert*
von Gembloux (col. 79 D), *Hugo* von Fleury (col. 151 B),
Gotfried von Viterbo in seinem Pantheon (col. 75 D,
151 B, 162 E), *Sicard* von Cremona (col. 135 C, 170 D;
für das Citat col. 53 D jedoch habe ich bei Muratori SS.
t. VII keinen Beleg gefunden; auch für col. 110 C — wo
statt »Ricardus« »Sicardus« zu lesen — nicht). Ferner
nennt Dandolo den Abt *Joachim* (col. 103 A), citirt aber
von ihm ein Buch über Ezechiel, das mir unbekannt ist;
ausserdem führt er noch den *Vincenz* von Beauvais (col.
79 D) und den *Jacobus de Voragine* (col. 79 D) an. Wer
der (col. 76 D) [2]) genannte *Pontius* sein mag, ist unklar.
Jedoch bemerke ich, dass im Cod. M₁, wo diese Stelle
am Rande steht, statt jenes Namens zu lesen ist »p̄cius«
und ebenso col. 151 B, wo statt »Petrus« einige Handschriften »Pontius« haben.

Wenn nun auch hiemit die Reihe der von Dandolo
benutzten Schriftsteller oder Geschichtswerke sicherlich
noch nicht völlig erschöpft ist — wie ich das selbst schon
angedeutet habe — so glaube ich doch, die Hauptmasse
derselben vorgeführt zu haben. Es bleiben, im Verhältniss
zu der grossen Ausdehnung der Annalen, nur wenige
Nachrichten zur venetianischen Geschichte übrig, die
nicht mit einer der besprochenen Quellen belegt werden
können. Auf einige davon hatte ich im Laufe der bis-

---

1) cf. Migne Patrol. t. 144 p. 11 (74).

2) Hac quoque persecutione furente, ait Pontius, quod Urbs Venetiae nunc florens et potens, condita reperitur ab his, qui de Provincia
Veneta manus Atilae fugerunt.

herigen Untersuchung Gelegenheit aufmerksam zu machen, die übrigen fasse ich hier zusammen.

Es sind:

1) Dandolo's Angaben zur ältesten, zur Gründungsgeschichte Venedigs (col. 69 B — E, 76 ABC, 77 C, 95 C, 106 D, 115 E, 116 AE, 118 D, 121 A). Freilich kann man zweifeln, ob Dandolo hiefür eine einzige, bestimmte Quelle benutzte, oder ob er nicht vielmehr theils Volkstraditionen, theils eigenen Kombinationen folgte, sie bisweilen mit den Ueberlieferungen der uns bekannten Autoren verbindend. Dieser Theil der Annalen ist wohl auch als der schwächste zu bezeichnen. Ganz unverständlich ist mir die Deutung des Namens Olivolo, die vielleicht unserem Autor selbst zuzuschreiben ist. Col. 76 C heisst es: — Tumbam — vocata prius Troja; postea vero Pagos, id est Castrum Olivolos (M₁; Mur. Olivulos) Latine dicitur »quid plenum«, ubi non est dare vacuum. —. Col. 146 A wird noch hinzugefügt: Titulus autem ei juxta Graecam pronunciationem Episcopus Olivolensis decretus est, secundum Latinam vero Olibolensis[1]). — Den Ort »Constantiniacus« leitet er von dem Kaiser Konstantin ab (col. 118 D) und »Equilium« von den dort weidenden Pferden (col. 128 A).

2) Die Darstellung des Streites zwischen dem Papst Pelagius und den schismatischen Bischöfen von Ligurien, Venetien und Istrien (col. 90 A B, E ff.).

3) Die Rückkehr der Bewohner von Clugia (Chioggia) in ihre Wohnsitze nach den Kämpfen mit den Franken (col. 163 B), und der theilweise Wiederaufbau des zerstörten Heraklea durch den Dogen Agnellus (col. 163 C) — beides Nachrichten, zu denen Dandolo gerade keiner geschriebenen Quelle bedurfte.

---

1) In Chr. Grad. (Pertz pag. 43 u.) wird der Name auf einen »Olivenbaum« zurückgeführt.

4) Die Verbindung Otto Orseolo's mit einer ungarischen Prinzessin (col. 235 C), sowie der Kampf Otto Orseolo's mit Cresimir, dem Könige der Kroaten, um den Besitz Jadra's und anderer Plätze Dalmatiens (col. 236 B).

5) Die Angriffe der Könige von Ungarn auf Dalmatien: des Andreas zur Zeit des Dogen Petrus Centranicus (1026—1030) (col. 239 D), und des Königs Salomo unter Dominikus Contarini, welcher 1050 Jadra zurückgewinnt (col. 244 A). Schon Lucius hat darauf hingewiesen (p. 83), dass König Andreas erst im Jahre 1043, Salomon erst 1066 zu regieren begann, und dass die ungarischen Schriftsteller erst von der Zeit Königs Ladislaus an (seit 1077) von Unternehmungen der Ungarn nach Dalmatien etwas wissen.

6) Der Besuch des Papstes Leo IX in Venedig (col. 244 D), und die Notiz, dass der Doge Dominikus Silvo, aufgefordert von dem griechischen Kaiser Michael, eine griechische Gemahlin genommen habe (col. 247 D hortatu Michaelis Augusti); ferner, dass Vitalis Faledro am Sturze seines Vorgängers gearbeitet habe (col. 249 E).

Für die hieher gehörigen Nachrichten aus dem 12. Jahrhundert habe ich schon früher auf die vermuthliche Quelle, die Chronica Venetorum, verwiesen. — Aus dem 13. Jahrhundert finden wir folgende Nachrichten nicht in den früher genannten Quellen:

7) Die Eroberungen einzelner Theile des früheren griechischen Reiches, besonders einiger Inseln, durch venetianische Adelige (col. 334 CDE, 335 B, 336 E). Hieran will ich sogleich die Kämpfe der Beherrscher der Insel Negroponte mit dem Fürsten von Achaja und mit dem griechischen Kaiser Michael Paläologus anschliessen, in welche die Venetianer ebenfalls verwickelt wurden. Marino Sanudo's Geschichte (cf. oben p. 115) reicht, ich wiederhole es, hier nicht aus. Namentlich ist dort von dem

Verhalten der Päpste bei diesen Streitigkeiten nicht die Rede (col. 363 E, 364 A, 373 C, 379 B).

8) fehlt uns die Quelle für die Angaben zur Geschichte Kreta's (col. 335 C, 336 B, 337 CD, 341 B C, 346 ABC, 396 B C); wobei vorerst nicht zu entscheiden ist, ob dies eine zusammenhängende Darstellung oder urkundliches Material war. Wenigstens die Namen der Herzöge (Duca) konnte Dandolo wohl aus officiellen Verzeichnissen entnehmen. Dasselbe gilt, denke ich,

9) von den verschiedenen Statthaltern Venedigs in den unterworfenen Gebieten, deren Namen da und dort in den Annalen genannt werden: von den Comites von Arbe (col. 280 D, 334 B), Jadra (col. 348 C, 355 B), Vegla und Auseri (Ossero) (col. 280 D, 355 C), Ragusa (363 A); von den Podestà von Chioggia (col. 334 A, 339 B, 355 B), von Justinopolis (col. 375 C), Murianum (col. 391 C, den Bailo's (Bajuli) von Nigroponte (col. 370 C, 379 B) etc. — Eben jener Codex der Marciana Cl. X lat. No. XXXVIa, der noch sicher dem 14. Jahrhundert angehört, enthält eine beträchtliche Anzahl solcher Listen.

10) habe ich einige Einzeln-Unternehmungen zu erwähnen: gegen Ankona (col. 350 D), gegen Pola (col. 353 C) gegen Curzola (col. 363 A), in's Schwarze Meer nach Mesembria (col. 366 C), gegen Justinopolis (col. 375 C).

Und endlich 11) lassen unsere Quellen, insbesondere Canale in seiner jetzigen Gestalt, uns ganz im Stich für die Zeit des letzten in den Annalen aufgeführten Dogen, des Jakob Contarini. Gerade die beiden ersten Nachrichten von dem Einfall des Königs von Rascien in das Gebiet von Ragusa (col. 391 AB), und von einem Streit mit den Genuesen (col. 391 B) konnte Dandolo noch aus Canale's Chronik entnehmen. Aber diese enthält — in dem uns bekannten Codex wenigstens — nichts mehr von den Zwistigkeiten mit Montona (col. 391 D, 395 B), von den glücklich geleiteten Karawanen (col. 392 A, 398 A), von

den Kämpfen mit Justinopolis (col. 395 CD, 396 ABD),
mit Almisium (col. 392 B, 394 A, 395 A) und besonders
mit Ankona (col. 392 CD, 393 ABC, 394 E, 395 A,
397 ABC, 398 AB); nichts von der Gesandtschaft an den
Papst bei dessen Erhebung (col. 394 D; ebenso früher
col. 369 D) und anderen Ereignissen in der Stadt und dem
Staate (col. 395 C, 397 A). Hat Dandolo hier auch aus
einer schriftlichen Quelle, vielleicht doch aus einem voll-
ständigeren Canale — oder etwa aus mündlichen Ueberlieferungen damaliger Zeitgenossen geschöpft? Lag ja die
Regierungszeit des Dogen Jakob Contarini (1275 1280)
nicht allzuweit von Dandolo's eigener Zeit entfernt. Manche
jener Nachrichten mag er aus Urkunden gewonnen haben,
ebenso gut wie die von der freiwilligen Unterwerfung der
Inseln Fara und Bracia (col. 395 B)[1]) oder von den Ver-
trägen mit Padua (col. 391 D)[2]) und dem griechischen
Kaiser Michael Paläologus (col. 393 E)[3]).

Urkundliches Material

stand ihm ja überhaupt in ganz ausserordentlicher Fülle zu
Gebote; und, dass er dieses in so grossem Umfange bei
seiner Darstellung herangezogen hat, darin beruht recht
eigentlich der besondere Werth seines Geschichtswerkes.
An ein bestimmtes Princip hat er sich auch hier nicht ge-
bunden; wir finden einzelne Urkunden wörtlich aufgenommen,
andere nur ganz kurz erwähnt, wieder andere in grösserer
Ausdehnung für die Erzählung verwerthet. Die Darstellung
der Streitigkeiten zwischen dem Patriarchen Poppo von
Aquileja und den Venetianern (col. 238 ABC, 242 CD)
— um nur einige Beispiele zu nennen ist ganz aus der
bei Ughelli (It. S. t. V col. 1110 ff.) mitgetheilten Urkunde

---

1) cf. Ljubić t. I No. 164, 165.
2) cf. Index Pactorum Libr. IV fol. 352 (?) in den Abhdl. der k.
b. Ak. d. W. hist. Kl. Bd. 8.
3) cf. Fontes Rer. Austr. t. XIV p. 133.

des Codex Trivisancus entnommen, ebenso der Bericht über die Vorgänge in Istrien (col. 155 CD; cf. Ughelli col. 1097 B). Recht bezeichnend scheint mir der Passus (col. 152 A), der von der Fürsorge des Patriarchen Fortunatus für Ausschmückung und Wiederherstellung der Kirchen Grado's handelt. Denn während namentlich die Worte et Altaria Ecclesiarum Gradensis Urbis laminis argenteis decoravit« deutlich den Anschluss an Johannes Diakonus (Pertz p. 15 o.) erkennen lassen, zeigt die kleine Notiz, dass die Kirche der heiligen Agatha durch den Anprall des Meeres zerstört worden war, die Benutzung des ebenfalls bei Ughelli (col. 1101 ff.) veröffentlichten Dokuments, in welchem die Stiftungen und Vermächtnisse jenes hervorragenden Patriarchen aufgezählt sind.

Der grösste Theil der von Dandolo benutzten Urkunden hat sich noch erhalten und ist uns zum Theil aus Citaten bekannt; manches andere Dokument wird hoffentlich mit der Zeit aus den reichen Schätzen des venetianischen Archivs an das Tageslicht gebracht werden. Daher habe ich alle jene Angaben, bei denen eine urkundliche Quelle vorauszusetzen ist, in den Kreis der nicht belegten Nachrichten oben nicht aufgenommen.

In denselben Bereich des urkundlichen Materials gehören die Gesetze und Verordnungen. Dandolo's Mittheilungen sind uns hier eine wichtige, leider nicht völlig ausreichende Quelle für die Verfassungs- und Verwaltungsgeschichte Venedigs und man wünscht nur, dass Dandolo diese Seite noch mehr berücksichtigt hätte. Für die ersten Jahrhunderte des venetianischen Staatswesens sind seine Nachrichten hiefür besonders dürftig, woran freilich auch der Mangel an Quellen Schuld sein mag. Die dem ersten Dogen ertheilten Befugnisse (col. 127 BC) dürften seiner eigenen Kombination zuzuschreiben sein. —

Einen anderen Kreis von Nachrichten verdanken wir der *persönlichen Kenntniss* des Autors: so die nur zu spär-

lichen Angaben über Festlichkeiten, an denen Dandolo
als Doge selbst Theil nehmen musste (z. B. col. 263 B,
280 BCD) oder über Gebräuche, von denen er vermöge
seiner Stellung Kenntniss hatte (col. 182 A, 188 A,
213 E, 288 D); oder über die Begräbnissstätten früherer
Dogen; ferner Zusätze wie col. 92 D, 214 C — »Hospitale
quod hodie Sancti Marci nuncupatur«, col. 297 C —
»Judicum qui hodie de proprio appellantur« und Notizen
wie (col. 260 B) über die »Pala d'oro« am Hochaltar von
San Marco, deren Schmuck von Dandolo selbst vermehrt
wurde [1] — oder über die von dem Patriarchen Ursus Orseolo geprägte Münze, von der Dandolo versichert, dass
er sie selbst gesehen (col. 240 B monetam parvam sub
eius nomine, ut vidimus, excudi fecit).

Im Hinblick auf diese und ähnliche Stellen (col. 172 B,
299 A, 310 C), wo er ausdrücklich sagt, dass er die dort
erwähnten Dokumente selbst gesehen und gelesen
habe, und vollends mit Rücksicht auf die Stelle, wo er
von der Ruhestätte des heiligen Markus spricht, [2] die nur
dem Dogen und den Inhabern der beiden Aemter des
Primicerius und Prokurators bekannt sein durfte — werden
wir die von O. Lorenz [3] angeregte Frage nach dem
persönlichen Antheil Dandolo's an der Abfassung der
Annalen selbstverständlich dahin beantworten, dass er nicht,
wie bei dem Liber albus und blancus, nur den Auftrag
dazu gegeben und die Vorrede verfasst habe, dass vielmehr
die Annalen sein eigenstes Werk sind.

Fehlt es ja auch nicht an Stellen, wo Dandolo's persönliche Anschauung zum Ausdruck kommt. Die unter
dem Dogen Mauricius (764—787) zuerst getroffene Ein-

---

1) Cornelius Dec. XIII. pars 1 pag. 137.
2) cf. oben pag. 25.
3) Deutschl's Gesch.-Quellen p. 284.

richtung zweier gleichzeitig regierender Dogen nennt er
verderblich (col. 147 C. perniciosae rei exemplum),
heilsam hingegen (salubre col. 242 B) die unter Dominikus Flabianico (1032—1043) erlassene Verordnung, dass
der Doge weder einen Mitdogen noch einen Nachfolger
erwählen oder erwählen lassen dürfe. — In der Einnahme
Konstantinopels durch die Venetianer erblickt er (col. 330 A)
die gerechte, göttliche Vergeltung für die Gewaltthaten,
die Kaiser Emanuel an den Venetianern verübt hatte. — Die
Entschuldigungen, welche die venetianischen Gesandten
über die Parteinahme Venedigs gegen Friedrich II vor
diesem vorbringen, bezeichnet er (col. 356 C) als beschö-
nigende, ungerechtfertigte 1). — Und wie entschieden tritt
er nicht bisweilen den Ansichten Anderer entgegen! So
col. 79 D, 88 C, 170 D, 198 A, 291 A, 299 A und besonders col. 157 A, wo er die Einfalt (credulitas) derer
zurechtweist, welche den grössten Theil der zu seiner Zeit
lebenden Adelsgeschlechter nicht für ebenbürtig halten wollten
mit denen, deren Ahnen in jenem Verzeichniss standen,
von dem wir früher gesprochen: in dem Verzeichniss derer,
die zur Zeit der Kämpfe mit den Franken nach dem
Rialto übergesiedelt sein sollen. Dandolo macht darauf aufmerksam — und die Stelle gewinnt an Interesse, wenn
man bedenkt, dass seine eigene Familie in jenem Verzeichnisse ebenfalls fehlt — Dandolo betont, dass schon
vor jenen Kämpfen Tribunen und Vornehme auf dem
Rialto gewohnt hätten und aus Torcello und anderen Inseln nach
dem Rialto zu verschiedenen Zeiten gezogen seien: und diese
hätten durch glänzende Thaten und Verdienste sich und
ihr Vaterland nicht minder berühmt gemacht, als jene ge-
priesenen Geschlechter. Dies Letzte werden wir vollständig zugeben; über die Stichhaltigkeit des ersten Einwandes steht

---

1) excusationes coloratas, sed non justas, sagaciter praestiterunt.

uns kein Urtheil zu. Jedenfalls aber glauben wir in diesen
und den kurz zuvor angeführten Bemerkungen Dandolo's
einen gewissen Sinn für Kritik erkennen zu dürfen, und
ein solcher zeigt sich z. B. noch an den beiden folgenden
Stellen: col. 310 C, wo er sein Bedenken ausspricht,
mit welchem Rechte der Bischof von Castello Markus
Nikolai (am Ende des 12. Jahrhunderts) das Bleisiegel geführt habe, da doch seine Vorgänger und Nachfolger davon keinen Gebrauch gemacht hätten; und col. 260 C,
wo er sich bemüht, etwaige Zweifel an der grossen Ausdehnung des Brandes vom Jahre 1106 — gewiss mit Recht
— durch den Hinweis auf das leicht zerstörbare Material
der Häuser im Voraus zu entkräften [1]).

Wir müssen bedauern, dass er die Kritik nicht öfters
gehandhabt hat; er folgt meistens seinen Quellen allzugenau,
sei es nun aus Gewissenhaftigkeit, sei es aus Mangel besserer Nachrichten. Allerdings haben wir ja bisweilen Verbesserungen, manchmal aber hinwiederum unrichtige Aenderungen getroffen. Auch finden sich abgesehen von kleineren Zusätzen und Motivirungen einzelne grössere selbst-
ständige Bemerkungen. So folgert er col. 203 C aus dem
Umstand, dass der 939 erwählte Doge Peter Baduario der
Sohn eines Ursus Participazio war, den gemeinsamen Ursprung dieser beiden Geschlechter: eine Annahme, die in
dem Chron. Altin. ihre Bestätigung findet (VIII, 84 und
V, 97). — Auch die Jurisdiktion der Dogen über die Kleriker
findet er mit Recht durch die Urkunde bestätigt, in welcher
der Doge Agnellus mit seinem Sohne Justinian dem Abt
Johannes von dem Kloster des heiligen Servulus die Kirche
des heiligen Hilarius als Wohnsitz anweist (col. 165 C ff.).
Aber gegen den — vom Standpunkte Dandolo's aus rich-

---

1) Quod licet incredibile propter ejus (sc. ignis) extensionem appareat, verum attamen (M₁) indagantibus, et materiam consumptibilem
aedificiorum considerantibus haec digna relatu haberi possunt.

tigen — Schluss (col. 103 A), dass die Patriarchenwürde
von Grado älter sei, als die von Aquileja, muss doch daran
erinnert werden, dass seine Darstellung von dem Schisma
Grado's auf unächten Urkunden beruht, wie dies Rubeis
in seinen »Monumenta Eccles. Aquil.« nachgewiesen hat. —
An sich richtig ist es auch, wenn Dandolo (col. 155 A) aus
dem Privileg Kaiser Karls des Grossen, das dieser im Jahre
803 dem Patriarchen Fortunatus von Grado verlieh, die Folgerung zieht, Venetien sei damals von der Jurisdiktion des
weströmischen Reiches ausgeschlossen gewesen [1]). Aber wir
wissen auch, dass die Venetianer wenige Jahre später sich
dem fränkischen Herrscher unterstellten [2]); und davon wird
in unseren Annalen nichts erwähnt.

Nicht als ob ich damit Dandolo den Vorwurf machen
wollte, den Gfrörer gegen ihn erhoben, dass er absichtlich
Solches verschwiegen habe. Gedenkt er ja auch des geringen Tributs, wenn man jene Abgabe so nennen darf, die
Venedig an die Könige von Italien entrichtete (col. 204 E,
231 B, 264 A; 307 A), und verhehlt er doch auch die
Abhängigkeit Venedigs von dem griechischen Kaiser keineswegs (col. 97 B, 163 A, 227 A). Ich wollte nur nochmals
darauf hinweisen, dass auch für die venetianische Geschichte
fremde Quellen, von welchen Dandolo eben keine Kenntniss
hatte, nie ausser Acht gelassen werden dürfen. Dass ferner
Dandolo's Geschichtswerk auch nie ohne Heranziehung der
früheren venetianischen Geschichtsquellen zu benutzen
ist, glaube ich zur Genüge bewiesen zu haben; andrerseits
aber zugleich gezeigt zu haben, dass diese allein oft nicht
ausreichen und in Dandolo ihre nothwendige Ergänzung
finden.

So werden Dandolo's Annalen trotz mancher Mängel,

---

1) cf. Hegel Bd. 1 p. 220.
2) Weihnachten 805 cf. Einhardi Annales ad a. 806.

die zu vorsichtiger Benutzung rathen, doch immer eine
schätzbare, ja unentbehrliche Quelle für die Geschichte
Venedigs im Mittelalter bleiben; und es ist ihnen und ihrem
hochgestellten Verfasser, dessen Streben und Fleiss gewiss
die höchste Anerkennung verdienen, ein dauernder Ehren-
platz in der venetianischen Geschichtschreibung gesichert.

Quellen-Analyse.

Liber IV.

Col.

13 A—15 A Marcus — tradidit	cf. oben pag. 82 und 123 (Chr. Aquil.?); Petr. Calo 3, 149.*)
14 A quod — vener.	
14 B ubi — dignosc.	Dand. (?) cf. p. 137, 138.
15 A qui — persev.	
15 BCD Rexit — misit	cf. p. 82 (Chr. Aq.); P. C. 4, 351;
18 CD Euf. — XX	Chr. Altin. V, 87.
16 E Marc. — cogeret	cf. p. 82 (Chr. Aq.); P. C. 3, 149.
Tandem — spirit.	Paulin. 144, 31.
18 E Aquil. — exhib.	
24 D Eccl. — quadr.	cf. p. 82 (Chr. Aq.)
29 B Sanctae — CCXXIV	
36 C Hilar. — est	cf. p. 82 (Chr. Aq.); Alt. ibid.
37 E — 38 B Hilar. — creat. est	
39 A Felix — retin.	P. C. 4, 224.
Quae — requiesc.	Dand.
39 B Hic — est	cf. p. 82 (Chr. Aq.)
40 D Cantian. — sepel.	P. C. 4, 260.
41 D Barb. — delat.	P. C. 2, 316.
42 AB Joh. — transport.	P. C. 4, 225.(?)
43 A B His — obtin.	cf. p. 82 (Chr. Aq.); Alt. ib.
43 E Lucia — est	P. C. 2, 304.
45 E Hic — conf.	cf. p. 82 (Chr. Aq.); Alt. ib.
46 AB Theod. — sunt	P. C. 6, 284.
47 B Rex. — obt.	cf. p. 82 (Chr. Aq.); Alt, ib.

*) Die erste Zahl bedeutet den Band, die zweite das Folio eines sechsbändigen Codex (No. DCII — VII) des Klosters S. Giovanni e Paolo, von dem ich jedoch nicht weiss, ob er mit dem der Marciana identisch ist (cf. oben pp. 120, 121 u. Nuov. Racc. p. 84 ff.).

Col.

47 C Helena — est	P. C. 5, 56.
49 E Praef. — compl.	cf. p. 82 (Chr. Aq.); Alt. ib.
50 A Fortun. — Comm.	cf. p. 82 (Chr. Aq.); Alt. ib.; Migne Patr. 22 (II 931).
52 B cuius — est	Dand.
53 BC Huius — compulit	Migne ib.
C Praef. — constit.	cf. p. 82 (Chr. Aq.); Alt. ib.
D de quibus — fuit	Migne 21 (310).
E Dicit — habeb.	Sic. cf. p. 132.
55 E — 56 A Inter quos — est	P. C. 4, 374.
58 B — D Valer. — epist.	cf. p. 82 (Chr. Aq.); Alt. ib.
DE Theon. - requiesc.	P. C. 6, 329.
E Heliod. — susc. (59 A)	P. C. 4, 340.
64 CD Radag. — Roman.	Paulin. 177, 27.
66 B De hoc — emigr.	Migne 22 (II, 460; I, 511, 512); (Chr. Aq.); Alt. ib.
et — impon.	Dand.

Liber V.

Col.

67 A August. — eleg.	cf. p. 82 (Chr. Aq.); Alt. V, 87.
BC Hoc — est	P. C. 4, 340.
68 BC Hoc — est	P. C. 5, 8.
69 BCD His — est	(gefälschte) Urkunde (?)
DE Montes. — effic.	cf. p. 133.
71 CD Aug. — obtin.	cf. p. 82 (Chr. Aq.); Alt. ib.
72 C Liberal. — est	P. C. 3, 186.
CD Hic — illaesum	cf. p. 82 (Chr. Aq.); Alt. ib.
In cuius — dilac.	Urk. (Jaffé Reg. Pont. 194).
74 B Hic — enunt.	„ „ „ „
BC Transact. — subrog.	cf. p. 82 (Chr. Aq.); Alt. ib.
75 B Secund. — est	„ „ „
C Nam — tutav., mort. — destr.	Paulin. 180, 2.
D De hoc — vers.	Gotfr. (Pertz Mon. G. SS. XXII, 187).
E Atila — multit.	Paulin. ib.
quae — est	cf. Altin. V, 83.
76 A Atila — Maris	Paulin. ib.
Tandem — est (B)	cf. p. 133.
BC Inde — perven.	cf. p. 133; Paulin. ib.

Col.

76 C Cum — domicil.	cf. p. 133.
D Eccles. — voc.	Alt. V, 95, 105.
Hac — fuger.	cf. p. 132.
77 C Ilis — fecer.	cf. p. 133.
Plur. — term.	cf. p. 82 (Chr. Aq.)
79 D Sig. — descr.	cf. p. 124, 132, 139; Vinc. Spec. Hist. 1. 20 c. 56; Jac. de Vor. c. 59; Paulin. 181, 5.
80 E Nic. — obiit	cf. p. 82 (Chr. Aq.); Alt. ib.
81 AB Marcell. — fidem	cf. p. 84 (Chr. Grad.); Alt. ib.; Pertz VII, 42 m.
82 CD Hoc — est	cf Paulin. 183, 2; (Jaffé 470—472).
82 E — 83 A Hic — evit.	cf. p. 84 (Chr. Gr.); Alt. ib.
84 AB Marcell. — duxit	,, ,, ,,
85 A Apud — est	P. C. 2, 284.
E — 86 A Hic — obtin.	cf. p. 84 (Chr. Gr.); Alt. ib.;
87 A Hic — dedic.	Pertz VII, 42.
88 B Interea — est	cf. p. 132, 139.
C — 89 C Trib. — itin.	Migne 69 (I, 199); Urk.
90 AB Inter — sunt	
E — 91 B Hoc — constit.	cf. p. 133; (Jaffé 678, 680).
91 C — 92 A et in div. — subiac.	
91 BC Hic — Cardin.	cf. p. 84; Pertz VII, 42.
92 D Hic — reaed. est	Alt. V, 97, 111, 112; Dand.; cf. p. 138.
94 D Et — constit.	Paulin. 186, I.
ubi — portav. (E)	Chr. Gr.; Pertz VII, 44 m., 42 o.
95 C Interea — celeb.	cf. p. 133.
D Hic — exstat	Pertz VII, 44 m.
Probin. — est	,, ,, Altin. V, 62.
96 D Fur. — requ.	cf. p. 84 (Pertz ib.)

Lib. VI.

Col.

97 ABC Helias — complac.	cf. p. 84; Pertz VII, 43; Alt. ib., cf. p. 141.
98 C His — commend.	Alt. V, 107 ff.
D Hoc — construx.	Pertz ib.
et consultu — propos.	Paulin. 187, 2.
98 E prout — describ.	cf. p. 122.

Col.

98 E — 102 D In — subscr.	(gefälschte) Urk. (?)
102 DE Helias — recond.	cf. Pertz VII, 43 o.; Alt. V, 82.
103 A Haec — eo	Dand.
Unde — Patriar.	Paulin. 187, 2.
Igitur — incho.	Dand.; cf. p. 141.
B ut — reserv.	cf. p. 132.
BC Hic — fuit	Pertz VII, 44; Alt. V, 88.
E Eodem — est	„ „ „
104 ABC Severus — Polens.	Paul. Diac. III, 26.
D Inter — Noë	„ „ III, 23.
106 D Plebs — sunt	„ „ IV, 24; cf. p. 133.
107 E — 108 A Gregor. — confirm.	(gefälschte) Urk. (?).
108 BC Hic — elect.	Pertz VII, 44 u. 45 o.; Alt. V, 62.
E Hic — sepult.	„ „ 45.
109 A Candi. — Patriarcha	„ „ 45; Alt. ib.
Eodem — est	P. C. 3, 10.
C Post hos — est	Pertz ib.; P. D. IV, 34.
110 A Hoc — locav.	cf. p. 78; Joh. Diac. p. 5.
BC Candian. — coeperunt	cf. p. 60; Pertz VII, 45; Alt. ib.; P. D. IV, 33. Paulin. 187, 2; cf. p. 132.
111 BC Interea — est	cf. p. 60; Pertz ib.; Alt. ib.
112 CD Post — Venet.	P. C. 5, 73 (od. 83?).
D Detul. — est	Pertz VII, 45.
E Subseq. — sepel.	cf. p. 123 (Pertz ib.).
113 A Post — invas., ibique — dir.	Paulin. 187, 2.
qui quint. — petiit	Pertz VII, 45 m.
Et — mention.	Dand.
B Primog. — misit	Paulin. ib.; Pertz ib.; Alt. V, 62.
CDE Honor. — conseq.	Urk. (Jaffé 1562).
E — 114 A Prim. — duxer.	Pertz VII, 45 u.; cf. p. 61, 62.
114 AB Nunc — repon.	Paulin. 187, 2.
115 E Hic — diruit	P. D. IV, 47, 51; cf. p. 131.
Tunc — colloc.	J. D. p. 5; cf. p. 78.
116 A Hic — in pace	cf. p. 78.
AB Per — mort. est	cf. p. 83; P. C. 6, 329.
B Cui — Eccl.	J. D. 10 o.; Pertz VII, 40 ff.
E Huius — exhibeb.	cf. p. 133; „ „ 43 u.
E — 117 A Hic — obs.	Urk.
117 AB Ceterum — Agger.	Dand.
De hoc — exstitit	P. D. II, 14.

Col.

118 CD Primog. — dot.	Pertz VII, 45; Alt. V, 63; Urk. (?)
Eodem — est	,, VII, 41 m.; Dand.; cf. p. 133.
121 A Cum — est	Dand. cf. p. 133.
B Hic — est	Pertz VII, 45 u.; Alt. ib.
122 AB Steph. — est	cf. p 60; Alt. ib.
123 E — 124 A Hic — est	,, ,, ,,
126 ·A Ceterum — init.	Dand.

Liber VII.

Col.

127 ABC Paulut. — posuer.	J. D. 11 o.; Dand.; cf. p. 137.
DE Maior. — Apost.	,, 10 u.; P. C. 4, 340; 3, 186;
	6, 329.
130 C Hic — Plavisel.	,, 11 m.; cf. p. 68 ff.
D Christ. — sep. est	Pertz VII, 46 o.; Alt. V, 63.
E Paul. — constit.	cf. p. 78.
132 B Ad — possed.	J. D 12 m.; Pertz VII, 45.
C Serenus — subseq.	(Urk.) Dand.; ,,
D — 133 C Gregor. — valete	Dand. (Urk.); ,,
134 A Post — Dignit.	Urk. (Ugh. Jt. S. V, 1088).
B Anton. — est	Pertz VII, 46 u.; Alt. V, 63; Urk. (?).
CD Eodem — indic.	cf. p. 78.
E Eo temp. — destr.	P. D. VI. 49.
et — epistol.	J. D. 12 o.
135 A Greg. — Fili	Dand. (Urk.)
B Dux — restit.	J. D. 12 o.
Quae — comprob.	Dand. (P. D. VI, 49, 54).
C Et — Pontifex	P. D. VI, 49; Sic. (Mur. VII, 574 B).
136 ABC Callist. — reas.	Urk. (Jaffé 1725).
D Huic — comprob.	,, Ugh. V, 1090.
E Hic — obtinet	J. D. 12; cf. p. 78.
137 A Gravis — subr.	P. D. VI, 51.
B Praef. — Venet.	J. D. 12.
CDE Felix — impend.	,, ,, cf. p. 78.
138 AB Sane — obtin.	J. D. 12; cf. p. 78 u. 124.
C Uno — DCCxLı	,, ,, ,,
DE Hic — fungeb.	,, 12, 13; ,,
139 D Paulus — deport.	·P. C. 4, 347 (?).
E Aemil. — est	Pertz VII, 47; cf. p. 60; Alt. V, 63.
140 C Hic — siccam	Urk.

Col.

141 AB Hic — arrip.	J. D. 13 o.
Vital. — fuit.	cf. p. 60; Pertz ib.; Alt. ib.
CDE Advers. — praepos.	J. D. 13 o.
143 AB Sequenti — servav.	,, ,, Dand.
144 A Huic — remed.	Urk. Ugh. V, 1091.
B — E Steph. — stud.	Dand. (Urk.).
Episc. — resip. ren.	Urk. Ugh. V, 1093 B.
145 B His — potuit	,, ,, ,, ,, A.
E — 146 A Usque — XXIII.	J. D. 13; Dand. cf. p. 133; Alt. V, 67.
147 C Eodem — relinqu.	J. D. 13; Dand. cf. p. 139.
148 AB Maurit. — exitum	J. D. 13 m.; Dand.
149 B Per idem — cooper.	,, ,, ,,
C Christoph. — est	cf. p. 85; Alt. V, 67.
Hoc — est	cf. p. 82, 83; Alt. V, 97.
151 A In hoc — perfruantur	Dand. (aus einer Urk.?).
Nam — Brit.	Gotfr. (Pertz XXII, 220).
B Hugo — donav.	Hugo Floriac. (Pertz IX, 363); cf. p. 132.
E Per — vulner. est	} J. D. 13 u.
152 A sep. — mausol.	Alt. VIII, 227.
151 E et de — appar.	J. D. 13 u.; Urk. (Ugh. V, 1102 C; cf. p. 137); Alt. V, 63.
152 AB Fortun. — decor.	Pertz VII, 47.
B Hic — concess.	Dand. (Urk.).
B — 153 B Leo — XI	J. D. 13 u., 14 o.; Dand.; cf.p. 72.
153 BC Hic — tenuit	,, 14 o.
DE Obelier. — intr. est	cf. Alt. VIII, 227.
E Fortun. — dispos.	Dand. (Urk.).
154 A Patr. — nostri (E)	Dand.; cf. p. 141.
155 A Ex — mention.	Urk. (Ugh. V, 1097).
CD Provinc. — possibil.	J. D. 14, cf. p. 72.
D Per — est	cf. p. 90; Alt. VIII, 227.
E Vel — destr.	Alt. V, 105 ff.; cf. p. 82.
155 E — 156 E Cons. — Narissi	Dand.; cf. p. 139.
156 E — 157 A Ceterum — pateb.	J. D. 14 m.
B Fortun. — redeunte	J. D. 14 u., 15.
C Post — surrog. est	J. D. 15 o.
Hic — fecit	J. D. 14.
D Nicet. — rediit	Dand.
quos — videb.	

Col.

157 E — 158 A Christ. — est	J. D. 14; Alt. V, 67.
158 B Obel. — est	J. D. 14.
BC Anno — pertrans.	J. D. 14 u., 15 o.
C fugat. — Pal.	Dand.
ad loc. — valuit	J. D. 15 o.
putans — exclud.	Paulin. 207, 2.
Francor. — constern.	Alt. VIII, 221 ff.
D videns — def. est	Paulin. ib.; Sigeb. ad an. 809.
Nuncii — redier.	J. D. 15.
159 A Subseq. — petiit	J. D. 15 m.
Valent. — rem.	Dand.
De Obel. — permans.	Alt. VIII, 226.
Tenuer. — V	J. D. 15 m.
Quia — inchoab.	Dand.

Liber VIII.

Col.

161 A Angel. — const.	J. D. 15 u.; Dand.
B His — fabric.	,, ,, ,,
C A Throno - Aggeris	Dand.
D Joh. — est	J. D. 15 o., 16 o.
162 C — 163 A Per idem — Occid.	Paulin. 207, 1.
et Gotifr.	Gotfr. (XXII, 219).
163 A Per hoc — erant	Dand.; cf. p. 141.
B Clug. — coeper.	cf. p. 133.
BC Eo temp. — impl.	Paulin. 207, 2.
CD Angel. — est	cf. p. 133.
E Dicit — subm.	cf. p. 30 (cf. Sigeb. ad. a. 810).
164 BC Hic — demand.	J. D. 15 u.; cf. p. 65, 66..
165 A Suppl. — renov.	Urk. (Sickel: Acta Karol. L 40).
Subseq. — Monast.	cf. p. 73; J. D. 16 o.
B Per — depos.	Urk. (Cornel. Dec. XIII, 2 p. 309).
C Dux — dignosc.	Urk.; Dand. cf. p. 140.
165 D — 167 B In — felic.	Dand. (Urk.)
167 B Hoc — inhib.	cf. p.119; transl. Marci (Bar.ad a.820).
D His — extrem.	J. D. 15 o,
168 A Ursus — XXXII	Alt. V, 67.
Huius — dispos.	Urk. (Cornel. XIII, 2 p. 43).
B Hic — depos.	J. D. 16 o., u.; P. C. 6, 203.
C Hoc — expul.	,, ,, 16 u.

Col.

168 D Per Fort. — def. est	Paulin. 203, 1.
relinq. — acquis. (169 A)	Urk. (Ugh. V, 1101); cf. p. 137.
169 A Vener. — est	cf. p. 84; Pertz VII, 47 o.; Alt. V, 63.
B His — sunt	Urk. (Sickel L. 218; Ugh. V, 1103).
C Inter. — sunt	J. D. 16 o.; Alt. V, 100, 101 (?).
D Parent. — cond.	Alt. V, 97; cf. p. 82, 83.
E Boni — est	,, V, 95; cf. p. ,, ,,
Angel. — fund.	J. D. 16 m.; Dand.
170 A Justin. — redier.	J. D. 16 m.; Dand.
B Hic — cius	Urk. (?).
CD Sec. — dignosc.	cf. p. 139; Petr Dam. (Migne 144, p. 11. Sermon. 74); cf. oben ad col. 79 D; Sic. (Murat. VII, 538 E).
170 E — 171 E Rex — depon.	Paulin. 181, 5; transl. M. (Baron. ad. a. 820) cf. p. 119.
172 A Just. — valuer.	J. D. 16 m.; cf. p. 71.
B Dux — legim.	Urk.; cf. p. 138.
CD Mortu. — ordin.	J. D. 16 u.; Dand.
D Huic — nequib.	J. D. 16 u.; Dand.
173 A Hoc — est	J. D. 16 u.
D Per — coeg.	J. D. 17 o.; Urk. (cf. Böhmer Reg. Car. 535; Ugh. V, 1105).
E — 174 B Eodem — restit.	J. D. 17 o.; cf. p. 71; Alt. V, 69.
174 B Hic — Palatio	Urk. (?).
C Per — Extrem.	J. D. 17 m.
D Petrus — promer.	,, ,, cf. p. 86.
E Duces — constr.	Urk. (?).
175 A — E Tertio — exting.	J. D. 17 m.; cf. p. 66.
176 A Hic — comprob.	Urk. (Pertz Arch. III, 578. Lib. Blanc.).
B — 177 A Hic — iussimus	Dand. (Urk.).
177 B His — victi	J. D. 18 o.
D Hoc — urbem	Urk. (Ugh. V, 38).
178 B Hic — pot.	J. D. 18 o.
D Per — est	Alt. V, 63, 101; Urk. (Ugh. V, 1106).
E Victor — Euph.	J. D. 18 o.
179 A Duces — usit.	Urk. (Cornel. XIII, 2 p. 43).
Hoc — constit.	cf. Alt. V, 67, 96.
B Maurus — constr.	J. D. 18 m.
C talisque — est	

Col.

179 E — 180 A Hic — sunt	cf. p. 125 (P. C. 1, 210; 5, 97?).
180 A Vital. — Virgin.	Alt. V, 63; Urk. (Ugh. V, 1106).
C Huic — possed.	Urk. (Pertz Arch. III, 578; L. Bl.).
D Hic — levav.	J. D. 18 m.
181 A Hic — adf.	Urk. (Ugh. V, 1106).
C Dómin. — sua	Alt. V, 67; cf. p. 84.
C — 182 A Interea — consuev.	J. D. 18 u.; Alt. V, 68; cf. p. 86, 87.
182 BC Verum — est	J. D. 19 o.
184 BC Hoc — erant	,, 19 m.
185 B Petrus — est	J. D. 19 u.; 20; Alt. V, 63; 66.
DE His — gaudere (186 A)	
186 AB Inter. — constit.	J. D. 20 o., m.; cf. p. 71.
CD Quia — Christian.	
B Quo — contraf.	Urk. (Fontes rer. Aust. XII, 19).
187 C Hic — invad.	Urk. cf. P. Arch. IV, 174.
Victor — Euph.	J. D. 21.; Alt. V, 63; Urk. (?).
DE — 188 A Per — comp. est.	,, ,, 21 m.
188 A Quae — Duci	Dand.; cf. p. 138.
B Jam — tribut.	Urk. (Ugh. V, 41).
C Laur. — XXIX	cf. Alt. V, 68.
D Fuit — Coenob.	J. D. 21 o. m. u.; cf. p. 123, 124.
E — 189 A Joh. — rediit	,, ,, 21 m.
189 B — 190 D Hic — Amen	Dand. (Urk.; cf. P. Arch. III. 579. L. Bl.).
191 A B Hic — Cypr.	J. D. 21 u.
B quam — Vetulo	Dand.; Urk. (?).
C Per — penetr.	J. D. 22 o.
D — 192 C Dum — provid.	,, ,, ,, cf. p. 66.
192 E Iste — est	J. D. 22 m.; u.
193 A Hunc — const.	
C Huic — concess.	Urk. (P. Arch. III, 579).
194 B Georg. — Euph.	Pertz VII, 47.; Alt. V, 63; cf. p. 60, 84.
E Vital. — Fort. (195 A)	
C Dux — haber.	J. D. 22 u.
195 B Dom. — Eccl.	wie ad c. 191 B.; cf. p. 123.
D Per — erant	Urk. (?)
197 BCD Hoc — fecer.	J. D. 22 m.
DE Laur. — Euph.	wie ad c. 194 B.
E Domin. — est	Alt. V, 68; cf. p. 123.
198 A Scrips. — condol.	J. D. 22 u.; cf. p. 75, 86.
B Ursus — est	J. D. 23 o.

Col.

198	E Domin. — ivit	Alt. V, 70.
199	E Dux — renov.	Urk. (?).
200	B Hic — perf.	Urk. (P. Arch. III, 579; L. Bl.).
	D Mar. — conc.	Alt. V, 64; Urk. (?).
	E Dux — concess. (201 A)	Urk. (P. Arch. ib.; L. Bl.).
201	B Anno — est	J. D. 23 o.
	de Ami. — fuit	Urk. (cf. Corn. Eccl. Torc. pars III p. 330)
	C Petrus — util.	J. D. 23 o.
	C Nam — perf.	Dand.
	D Iste — obtin.	{ J. D. 23 m.
202	A Eodem — jussion.	
	B Per — conserv.	Urk. (Font. rer. Aust. XII, 5).
	C His — vale.	,, ,, ,, ,, ,, 10.
	D Petr. — colloc.	Alt. V, 70.
203	BC Sept. — fuer.	J. D. 23 m.
	ex quo — hab.	Dand.; cf. p. 140.
	E Iste — obt.	J. D. 23 u. (Dand.?)
204	A Hoc — pacti	Urk. (Ugh. V, 1108).
	C Ursus — cognom.	Alt. V, 70, 99.
	Sexto — sunt	J. D. 24 u.
	E Iste — declar.	Urk. (P. Arch. III, 579; L. Bl.).
	Domin. — Brag. (205 A)	Alt. V, 70.
205	C—206 B Ante. — recre.	J. D. 24 u.; 25 o.; cf. p. 75.
206	C Petrus — dispos. '	Alt. V, 70.
	Bonus — conc.	Alt. VIII, 43 (V, 64).
	D Def. — Bur.	Alt. V, 66.
	E Anno — tempor.	Urk. (Fontes XII, 19).
208	D Anno — possed.	,, (P. Arch. III, 579; L. Bl.)
	E Georg. — Marci	Alt. V, 70.
209	AB Nono — Italico	Urk. (cf. Stumpf: Reichskanzler II; No. 415).
	Otto — confirm.	Urk. (Stumpf: Acta imperii 11, 12).
	C Vital. — suae	Alt. V, 64.
	D Inter. — intulit	J. D. 25 o.
210	A Marinus — orn.	Alt. V, 71.
	B Vital. — conc.	,, V, 64.
	BC Anno — sentent.	Urk. (Font. XII, 25).
	E Hic — renov. (211 A)	,, (Stumpf 619).
211	B—E Dec. — detul.	J. D. 25 m. u.; Dand. aus Petr. Dam.

Col.

212 A—E Petrus — rogav.	J. D. 26; Dand. cf. p. 76.
E Walder. — procur.	Urk. (Grandius: Vita di S. Pietro Orseolo p. 37).
213 A—E Sec. — Venet.	Dand. (Urk.).
211 A E Eod. — vident.	J. D. 26 m. u.; Dand.; cf. p. 76, 77, 138.
214 E—217 D Petrus — colitur	Petr. Dam.; Legenda cf. p. 77.
217 D—218 A Vitalis — revers. est	
218 B Iste — requiescit	J. D. 27 o., m.; cf. p. 63.
CD Trib. — diem	
E Anno — consumm. (219 B)	Dand. (Urk. Cicogna Iscriz. IV, 286).
219 B Eodem — obtin.	cf. J. D. 27 m.; Urk. (cf. Stumpf 845—47).
DE Hoc — sunt	J. D. 28 o. m.
220 A Sane — obtin.	Urk. (Stumpf Acta 13ᵇ ?)
A Simil. — occup.	J. D. 29 m.
B Trib. — est	J. D. 28 m.
221 A—222 B Per — est	,, 28 u. 29 o.; cf. p. 63.
222 B Cum — ass.	Dand.

Liber IX.

Col.

223 A Petrus — dicer.	J. D. 29 o.; (Dand.)
B Hic — Constant.	J. D. 29 o.
Omnes — fecit	
et — subiect.	Urk. (Fontes XII, 36).
C—225 A Ott. — Amen	Dand. (Urk.): cf. J. D. 29 o.
225 AB Iste — repar.	J. D. 29 m.
et in Crypta — Fortun.	(Dand.); Paulin. 221, 2.
BCD Et eodem — remis.	J. D. 29 u., 30 o.
D Eodem — obt.	Urk. (Stumpf 1063; P. Arch. III, 601).
E Domin — exst.	Alt. (V, 71) VIII, 52.
226 B Per — pullul.	J. D. 30 u., 31 o. (36 o.).
E Inter — rediit	
227 A Hoc — decl. (B)	cf. p. 122, 128: (Thom. Archid. c. 13: J. D. 32 m.).
B—229 B Illis — reper.	J. D. 31 m. — 32 m.
229 B Sclav. — tradid.	J. D. 32 u.; 37 o.
C Hinc — satag.	,, ,, ,, Thom.c.14 (»Petrus«).

Col.

229 C—230 D Nar. — nunciav.	J. D. 32 u. - 33 m.
DE et cum -- mare (231 A)	Urk. (Stumpf Acta 30).
231 ABC Quibus — collaud.	J. D. 33 u. — 34 u.
E Hic — renov.	Urk. (?)
Eodem — fecit (232 A)	Urk. (?)
232 D Popul. — laud.	J. D. 35 o.
E Hic — nom.	Urk. (Stumpf 1333 ; Romanin 1, 387).
233 ABC Iste — vocat.	J. D. 35 o.; 36 o. m.
C corpus — concess.	(P. C. 2, 316?).
234 AB Quinto — const.	J. D. 36 u.; Paulin. 221, 3.
Horum — persev.	Urk. (?)
C Phal. — obt.	Urk. (?)
Decimo — fecit	J. D. 37 m.
D Filia — est	} Urk. (?)
235 A Hoc — est	
Petrus — dedit (B)	J. D. 37 o.; 36 u.
B trans. — sepel.	} Dand. (?) cf. p. 134.
CD Otto — praecl.	
236 B Sept. — famil.	Urk. (Murat. Antiq. 1, 241).
Nono — Et rediens	cf. p. 95, 134.
C a Vitale — susc.	Urk. (Ljubić Mon. Slav. I No. 2, 3)
Ursus — labor.	cf. Alt. V, 64, 66; Dand.
236 D -- 237 D Hoc — videb.	Paulin. 220, 4 ; Dand.; cf. p. 23, 119).
237 E—238 C Eodem — dignosc.	Urk. (Ugh. V, 1110 ff.).
C Interea — redd.	} Paulin. 221, 2.
D Obtenta — repon. (239 A)	
238 D quam Dux — regni	} Dand. (?); Fortunat. (?) cf. p. 95.
239 A Post — dictum	
AB Domin. — exorit.	Alt. V, 71.
C et Popo — est	cf. Stumpf Acta 43.
D Andreas — coeg.	cf. p. 134.
E — 240 B Denique — abier.	Alt. V, 71; (cf. J. D. 37).
240 B Hic — fecit	Dand.; cf. p. 138.
BC Legati — posuer.	Alt. V, 71; cf. p. 123.
CD Domin. — colloc.	,, ,, cf. p. 89.
Hic — est	Dand. (Urk. ?).
241 CD Anno — sunt	Urk. (?)
242 B His — persev.	Urk.; Dand. cf. p. 139.
Elaps. — tertio (C)	} Dand.
D Tunc — stud.	

Col.

242 CD In — obt.   Urk. (Ugh. V, 1113 ff.).

E His — Mar.   cf. Alt. V, 64.

243 B His — depos.   P. C. 5, 77.

E Inter — succ.   cf. Alt. V, 72.

244 A Hoc — access.   cf. p. 134 (Paulin. 222, 4).

C Leo — approb.

et Ep. — conc.   Urk. (Jaffé 3263).

D Post — indulsit   cf. p. 134.

245 A Hic — obtin.   Urk. (?)

246 C In — commis.   Urk. (Corn. XII, 2).

D In — renov.   Urk. (?)

E Dux — investiv.   Urk. (?)

Compl. — recond.   cf. p. 96 (Domin. Rino ?).

    ,,   ,,   ,,   ,,

247 A Domin. — dedit   cf. p. 134 ; Dand. (Urk.?)

D Hort. — conc.   Paulin. 224, 3.

E Ait — torm. (248 A)   Dand.

248 A Istis — inscr.   Urk. (Mur. Ant. I, 243; Corn. IV, 8).

AB Tunc — prom.   Urk. (Fontes XII, 41; Ljubić I, No. 4).

D In quo — susc.   Romuald (Pertz XIX, 409).

DE—249 C Mich. — fecit   cf. Alt. VIII, 44.

249 C Dom. — III.   cf. Annal. Venet. (Neues Arch. I, p. 402).

DE Hic — quarto   cf. p. 134.

' Hic — persuas.   Urk. (cf. Fontes XII, 51).

250 A Qui — noverat

B Euntes — Protos.   Dand. (Thom. Arch. c. 1).

A quia — tenuer.   Romuald (Pertz XIX, 411).

B Inter. — obtin.   ,,   cf. p. 130.

251 A Rog. — red.   Dand. (Urk. cf. Jaffé 3503).

B Ubi Dom. — est   Alt. VIII, 44 ; cf. p. 84, 85.

Post. — subr.   Urk. (Stumpf Acta 79).

C Anno — mand.   cf. p. 95, 138 ; Dand.

C—252 B Eod. — celebr.   Urk. (cf. Stumpf 2930).

252 C His — recess.   Urk.

D Iste — sunt   Dand. cf. p. 138.

255 E—256 A Dum — sexto

256 A—258 C Quo — agit.   Paulin. 224, 6 (Murat. Ant. IV, 970 ff.) ; translat. Nicol. (Cornel. XII, 17 ff.) ; cf. p. 120.

Col.

258 C Hanc — sit	Dand.
DE Hic — constr.	Urk. (Corn. Eccl. Torc. pars III, 187).
259 A Hoc — red.	Paulin. 224, 4 (Mur. 969 E).
»foedus«	Urk. (Fontes XII, 65).
B His — sepel.	cf. p. 138.
BC Inter — term.	cf. p. 120; transl. Steph. (Corn. XI, 2; pag. 109).
260 A Inter — MCV.	Alt. VIII, 45; cf. Corn. IV, 64; Dand.
B Sequ. — ext.	cf. p. 138.
BC Eodem — sunt	Annal. Ven. (N. A. p. 403); cf. p. 91.
C Quod — poss.	Dand. cf. p. 140.
D His — adiunx.	Dand. (aus einer Urk.? cf. Lib. Pact. II, 224?). Chron. Marci.
261 D Sexto — Boam. (262 A)	Paulin. 224, 37; Ann. Ven. (N. A. p. 403); (Chr. Marci).
262 A Mort. — subr.	cf. Alt. V, 72.
Sequ. — concess.	Urk. (cf. Corn. XIII, 1 p. 324 ff.)
B Post. — perqu.	Urk. (Lib. Pact. II, 224).
C Anno — oblato	Urk. (Corn. Eccl. Torc. p. III, 192; 193).
Abbat. — venit	Urk. (Corn. VII. 107).
D—263 B Anno — celebr.	transl. Steph. (Corn. XI, 2 p. 96 ff.); Urk.; Dand. cf. p. 138, 129.
263 C Inter — sunt	cf. Ann. (N. A. 403), Canale' § 16; cf. p. 108.
C—264 A Non — sunt	Urk. (Stumpf 3062. L. Bl.; L. Pact. II. 107.
264 AB Sequ. — subm.	cf. p. 108.
quorum — concess.	Urk. (cf. Fontes XII, 75).
C Inter. — est	cf. q. 106; Thom. Arch. c. 17; Vita S. Joh. ep. Trag. (Farlati Illyr. Sacr. IV, 313); Ljubić 1, no. 8.
D 265 A Hac — contig.	cf. p. 106, 107.
265 AB Dux — red.	,, 107, 94.
BC Vital. — colloc.	Paulin. 225, 3.
266 ABC Ordel. — rediit	cf. p. 94, 107; cf. Ann. (N. A. 404); Canale § 14.
B Curiam — appell.	Urk. (Stumpf 3128, 29, 30).

Col.

266 E Quinto — perm. (A)	Ann. Ven. (N. A. 404), cf. p. 92.
267 A Dux — tumul.	Alt. VIII, 153.
B Domin. — procur.	,, ,, ,,
268 B Tunc — cons.	Dand. Urk.
D Ducis — elect. est	Ann. Ven. (N. A. 404).
269 B Quo — ferrent	Paulin. 225, 7.
Calixt. — renuit	Alt. VIII, 153, 154.
270 B Dum — fecit (C)	,, ,, 154; Ann. V. (N. A. 404); cf. p. 107.
C—271 B De hoc — Tyro	Paulin. 225, 7 (cf. Fontes XII, 85).
B et diris — auget	Canale § 20; Chr. Marci.
271 BC Tunc — defer.	Paulin. ib.
De hoc — fuit	Migne t. 198, 1578; (Paulin. ib.)
D Ex — divid.	Alt. VIII, 155; cf. p. 107.
272 A Inde — resed.	,, ,, ,,
Inter. — absorber. (C)	Paul. 22 , 7.
CD Dum — rediit	Alt. VIII, 155; Ann. V. (N. A. 404).
273 B et cons. — appr.	Urk. (Fontes XII, 90).
Anno — egress.	cf. p. 107.
BCD opp. — corusc.	P. C. 6, 353; Jac. de Vor. (ed. Grässe p. 459) cf. Corn. Eccl. Torc. II, 58.
274 C Huius — effic.	cf. p. 107.
Tandem — reint.	Urk. (Fontes XII, 97); cf. Alt. VIII, 156.
E Dux — fecit (A).	cf. Alt. ib.; Corn. XI, 2 p. 126.
275 A Petr. — promov. (276 A)	,, ,, ,, Dand.
276 A Inter. — favor.	Paul. 225, 2.
278 A Huic (Nam M₁) — concess.	Urk. (Corn. VI, 185).
B Hoc — obtin.	Dand.; Urk. (Ugh. V, 1120).
C Hic — confirm.	Urk. (?).
Dux — obtin.	Urk. (Stumpf Acta 101; L. Bl.; L. P. II, 111).
279 C Huic — prom.	Urk. (Corn. XIII, 1 p. 218).
Dux — obtin.	cf. p. 108.
D Hoc — consecr.	Urk. (Corn. Suppl. 96).
E Vir — dotav.	Urk. (?).
280 AB Quarto (Tertio M₁) dec. — renov.	cf. p. 108; Chr. Marci; Urk. (?).
BCD Eodem — perag.	Dand. (Urk.), cf. p. 138.
D Hic — effic.	cf. Alt. VIII, 156; cf. p. 135.

Col.

281 AB Per — exstit.	cf. p. 108.
C Ducis — promis.	Urk. (Fontes XII , 105; Ljubić I no. 10, 11).
D Eodem — promis.	Urk. (L. Pact. IV, 314).
E Illo — est	Urk. (cf. Corn. X, 2 p. 375).
282 C Dux — petit	Alt. VIII, 156.
D et — Crusob.	Urk. (Fontes XII, 109, 113); cf. p. 36, 37.
D — 283 A Cum pot. — requ.	cf. Alt. VIII, 156, 157; Can. § 24, 25 ; Chr. Marci; cf. p. 105; Paulin. 227, 15.
283 B Domin. — Tyri	Grabinschr. (Cicogna Iscr. I, 240).
His — deput.	cf. Corn. XIII, 1 p. 110.
In cuius — assurg.	Jac. de Vorag. c. 59.
284 A Anno — Raph.	Ann. Ven. (N. A. 405).
Quo — augetur (B)	Dand., cf. p. 37.
B Postea — obsed.	cf. p. 107.
BC — E Incol. — recip.	Urk. (Corn. XIII, 1 p. 215 ff. L. P. I, 227 ff. II, 237).
285 B Eodem — effic.	cf. p. 106.
C Hoc — defens.	,, ,, 108.
D Dum — decern.	L. Pact I, 68; II, 155; cf. Thom. c. 20.
286 A Imp. — obtin.	Urk. (Stumpf Acta 125).
B Dux — induls.	Urk. (?)
C Hic — vadim.	Dand. (Urk.).
D Hoc — dot.	Urk. (Corn. II, 189).
Anno — constr.	,, (Corn. IV, 177).
E Dux — sepel.	cf. Alt. VIII, 158; Dand. cf. p. 138.
287 A Vit. — rexit	Dand.
B Licet — fecit	,, Alt. VIII, 158.
B (285 not. b) AnnoDom. — obed.	Urk. (Ugh. V, 1123).
288 AB Cum — sunt	Alt. VIII, 161 , 162; Ann. Ven. (N. A. 405).
C Tarvisi — sunt	Can. § 30; Chr. Marci; cf. p. 112.
Vict. — recludunt	Alt. ib.
qui — fructuos. (289 A)	cf. Chr. Marci; cf. p. 138. Dand. (Urk.).
290 A Hic — confirm.	Urk. (Corn. XIII, 1 p. 219; Fontes XII, 145).
AB Papa — dedit	Urk. (?)

Col.

290 B Hic — Comes   Urk. (Ljubić I no. 13).
    C — 291 A Hnius — approb.   Dand. cf. p. 138, 139.
291 B Tunc Em. — interdix.   cf. Ann. Ven. (N. A. 405); Alt.
       VIII, 158, 163; cf. p. 107.
    C Eodem — concrem.   Ann. Ven. (N. A. 405).
292 AB Inter — reme.   }   ,,   ,,   ,,   ,,   Alt. VIII,
    CD Dux — est   158, 159; cf. p. 103, 107.
    BC Hoc — in ligno   Ann. Ven. (N. A. 405).
    D Eman. — subiug.   Thom. c. 22.
293 A — D Qui — debeat   Alt. VIII, 163, 164.
    D et quod — fulciti (A)   Urk. (?).
294 A Fabr. — ass.   Alt. ib.
    et contra — exspol.   Vita S. Joh. ep. Trag. (Farl. IV,
       318, 319).
    BCD Dux — misit (295 A)   Alt. VIII, 165, 166.
295 A — 296 A Exinde — sint   ,,   ,,   166, 167; cf. p. 103, 104.
296 B Unde — sepel.   Alt. VIII, 167.

Liber X.

Col.

297 AB Sebast. — intron. est   Alt. VIII, 170; Dand. cf. p. 137.
    BC Hic — reconcil.   ,,   ,,   ,,   ,,   ,,   138.
    C Simil. — tenet. (298 A)   Dand. cf. p. 137.
298 B Eman. — rede.   ,,   cf. p. 118; cf. Alt. ib.
    C Ceter. — insin.   }   Alt. VIII, 170, 171.
299 A Nuntii — venit
298 C Dux — excl. (299 A)   Dand., cf. p. 138, 139.
299 BC Feder. — rede.   Alt. VIII, 171, 172; Romu. (Pertz
       XIX, 443).
    C Ducem — tertio   Urk. (?); Paulin. 228, 8.
    D Hic — bladi   Dand. cf. p. 137.
300 DE Dum — rede.   Alt. VIII, 169 (171).
301 A Rex — refer.   Urk. (Fontes XII, 173).
    et — sunt   Alt. VIII, 171.
    B Dux — formid.   Urk. (?)
    C Anno — elegit   Alt. VIII, 174.
    D Haec — est   cf. p. 122; P. C. 3, 179 (?).
302 A Venit — contul.   Paulin. 288, 8 (Mur. 982 ff.).
    B Dux — appr.   ,,   ,,   Dand.; cf. p. 46.
302 B – 303 B Imper. — quiet.   ,,   ,,

Col.

303 B Superv. — obt.	cf. Alt. VIII, 177 ; Dand.
C Post —advent. (D)	Paulin. ib.
D Dux — Julii	Alt. VIII, 175.
honorif. — annis XVI	Paulin. ib.
E Papa — proced.	Alt. ib.
et sermon. — conseq. (304 A)	cf. p. 121, 122.
304 AB Hist. — abit	cf. p. 117, 118.
B — 306 E De — publ.	fehlt in M₁ ; cf. p. 37.
306 E Hic — cont.	cf. Alt. VIII, 176 (Corn. II, 279 ; Jaffé 8490, 8525, 8530, 8534, 8545).
307 A Imp. — trib.	Urk. (Stumpf 4210).
B Ceter. — restaur.	Ann. Ven. (N. A. 406); cf. p. 93, 121, 122.
307 B — D Ceter. — reme.	Ann. Ven. (N. A. 406); Paulin. 228, 8.
D — 308 A Sane — red.	Dand. ; cf. p. 137.
308 AB Hic — recond.	Alt. VIII, 183, 184.
BC Aureus — impon.	Dand.; cf. p. 105.
E Ostiens — consecr. (309 A)	Corn. III, 249.
309 B Hic — fecit	Urk. (L. P. I, 103 — 117).
B — E Jadr. — fuit	Urk. (Dand.) cf. L. P. I, 63 ; II, 152 ; cf. p. 108.
310 B Anno — subr.	Alt. VIII, 53.
C Hic — conf.	Urk. (L. P. I, 97 ; II, 150).
Mort. — sint	cf. Alt. ib.; Dand. cf. p. 140.
D Hic — termin.	Dand. cf. p. 137.
311 ABC Inter — subjic.	cf. p. 108; Ann Ven. (N. A. 406); Urk. (?).
D Dominic. — approb.	Urk. (Corn. Eccl. Torc. III, 340).
312 E Eodem — pereger.	cf. p. 108.
Iste — jubet (313 A)	Urk. (Fontes XII, 204).
313 A Ex — innov.	cf. Alt. VIII, 44; (Urk.?).
BC Dux — persist.	Ann. Ven. (N. A. 406); Paulin. 228, 12.
E Huic — habuit	Urk. (Fontes XII, 179, 206).
314 C Eodem — renov.	Urk. (?).
Dum — recep.	Urk. (Fontes XII, 206).
D Ducis — coëg.	Paulin. 229, 1.
et illico — revert.	Urk. (Font. XII, 212).
Dux — sunt	Urk. (L. P. I, 270; II, 18).
E Compl. — pace	cf. p. 108.

Col.

315 D — 316 A Henr. — collig.	cf. p. 108.
Hic — revoc.	Urk. (L. P. I, 292; 317; II, 41).
316 C Dux — fecit	cf. p. 108.
Hic — compos.	Urk. (L. P. II, 66).
D Et — sed.	Canale § 34.
Subs. — decr.	Dand.
	,, cf. p. 137.
317 B Dux — utunt.	cf. p. 108; Ann. Ven. (N. A. 406);
BC Hic — rediere	Can. 55.
	Urk. (Stumpf Acta 206).
318 C Hic — renov.	Urk. (L. P. II, 161; 173).
D Alex. — deleg.	Urk. (Font. XII, 249).
E — 319 A Dux — induls.	Urk. (Corn. XII, 155; Ugh. V, 1254).
319 C Seq. — sepel.	Alt. VIII, 44.
D Post — est	Urk. (Font. XII, 281; Corn. XIII,
DE Huius — acced.	1 p. 221).
	cf. p. 108.
E — 320 A Eod. — recep.	Urk. (L. P. I, 214).
320 AB His — sunt	Urk. (Font. XII, 362 ff.); f.
BC Anno — pacti sunt	Paulin. 22), 4.
	cf. p. 108; Can. 37.
C Dux — fungat.	Paulin. 229, 4.
D Sequ. — erat	Urk. (Font. XII, 386, 397).
E Dux — sunt	Paulin. 229, 4 (Can. 39).
321 A — D Dux — committ.	cf. p. 31 ff.; Thomas c. 25; Can. 38;
D — 322 A Jadr. — restit. sunt	Urk. (Font. XII, 419).
322 A Dux — perven.	Paulin. ib.
Mittit — renu.	
A Alex. — prohib.	cf. p. 108.
B perit. — intro.	
B — 323 A Tunc — assums.	Paulin. 229, 4, 5; cf. p. 118.
323 A — 329 A Antea — teneant.	Urk. (Font. XII, 444 ff. Dand.).
324 A Haec — delib.	Paulin. 229, 5.
329 B Peract. — disc.	,, ,,
C Nunc — est (330 A)	Dand. cf. p. 139.
330 A Habita — est	cf. Can. 54.
B Creato — trib.	,, ,, 53; Dand.
C Venet. — cens. (331 A)	Dand.
331 A Cler. — perr.	Urk. (Font. XII, 527).
B Devoti — jussit	Dand. (cf. p. 138.)
CD Inventis — repon.	P. C. 2, 304; Urk. (?)

11

Col.

331 E — 332 A Decimo — cessit · Urk. (Font. XII, 512).

332 AB Rex — Constant. · Paulin. 229, 24.

C Natus — appell. · Dand. cf. p. 137.

D Thomas — acced. · Urk. (Font. XII, 534 ff.).

et cum — perven. · Paulin. ib.'; Chr. Marci.

E Murciph. — finiv. (333 A) · Alt. VIII, 193.

333 A His — sepel.
E — Petr. — est · Alt. VIII, 193, 194; cf. p. 127.

334 A Qui — interd. · Urk. (?)

AB Postea — subrog. · cf. p. 135.

Ducat. — est · cf. Urk. (Cicogna IV, 540).

B Sane — susc. · Urk. (Font. XII, 566, 571, XIII, 34).

C Dux — rede. · Urk. (Cic. IV, 538).

CDE Marcus — effect. · cf. p. 134.

E Pari — muniunt (335 A) · Can. 64, 66; cf. p. 114; Chr. Marci.

335 A et quae — trad. · Urk. (Font. XIII, 55).

B Stolus — Coron.
D Ducis — obt. · Can. 67, 65, 68; p. 114; Chr. Marci.

B Ach. — sunt · Urk. (?)

Eodem — subsid. · cf. Alt. VIII, 194.

C Cumque — trad. · Urk. (cf. L. Alb. 74); cf. p. 135.

336 BC Quarto — cepit · cf. p. 135; Can. 69.

C Ravan. — sunt · Urk. (Font. XIII, 89).

D Goffr. — rec. · „ „ „ 97.

Et — annuit · Urk. (?)

Simil. — prom. · Urk. (Font. XIII, 120).

E Quinto — susc. · Urk. (P. Arch. III, 602; L. P. II, 121).

337 B Angel. — fec. · Urk. (Corn. XIII, 1 p. 383; cf. p. 316).

Dux — est · Urk. (Cic. IV, 541).

CD Anno — coeg. · cf. p. 135, Font. XIII, 129, 159.

338 AB Post — Marci · Alt. VIII, 44.

B Octavo — Mon: · P. C. 5, 56.

Dux — perf. · Dand. cf. p. 138.

mort. — procr. · Can. 79; Alt. VIII, 197.

C Sequ. — debell. · Can. 70.

D — 339 B Anno — sunt · Rol. Patav. (Pertz XIX, 45, 46) cf. p. 126; Alt. VIII; 196; Can. 73—78; Chr. Marci.

339 B Clug — sunt · Urk. (?)

C Angel. — fecit · Urk. (?)

D Andreas — transf. · Urk. (Ljubić 1 no. 38).

Col.

339 E Roald. colloc. 340 A'	P. C. 5, 112 od. 4, 2 5 (?).
340 A Dux — obtin.	Urk. (Font. XIII, 194).
CD Hoc — obiit	Urk. (L. P. I, 247 252; II, 263, 264, 267, 272); cf. Potth. R. P. 5279; 5407.
E Steph. — sunt (341 A)	Thom. c. 26; cf. p. 33.
341 A Dalm. — est	cf. Thom. c. 27.
AB Alem. — ceperunt	Alt. VIII, 195; cf. Can. 71; Chr. Marci, cf. p. 135.
B Qui — sunt	Urk. (Font. XIII, 197).
C Decimo — redux.	cf. Urk. (Font. XIII, 210, 234).
DE Anno — firm.	Urk. (Font. XIII, 205, 221).
342 A Hic — stat.	,, (,, ,, 227).
B Matth. — Graec.	,, (,, ,, 225).
C Dec. — susc.	,, (P. Arch. III, 602; L. Bl.).
CD Inter — faciunt	Rol. Pat. (P. XIX, 47).
et — ineunt	Urk. (?)
Patri. — firm.	Urk. (Cic. IV, 543; L. P. I, 278; II, 26).
E — 343 A Paulus — Mon.	Corn. XI, 2 p. 135.
343 B Beatus --- resums.	Paulin. 231, 11.
D Jacob — obtin.	Urk. (Font. XIII, 255).
E Ex -- stat.	Urk. (? cf. Potth. 6589).
344 A Def. — subr.	Alt. VIII, 53.
B Dux — edid.	Dand. cf. p. 137.
E — 345 A Fin. — effic.	Rol. Pat. 50; cf. p. 126.
345 AB Viges. — sepel.	cf. p. 138 (Grabinschr. Cic. IV, 610).
E — 346 A Jacob. — red.	Dand.
346 BC Hoc — recup.	cf. p. 135.
C Sec. — est	Urk. (Corn. XIII, 1 p. 233).
D Extra — colloc.	P. C. 4, 355.
E 347 A Hic — est	Urk. Font. XIII, 281; 290.
347 BC Anno — trans.	Paulin. 231, 43; Rol. Pat. 61; Urk. (P. Arch. III, 603).
D Ragus. — promitt.	Urk. (Font. XIII, 307; Ljubić I no. 75, 76.
348 A Dux — deb.	Dand. cf. p. 137; Urk. (Corn. XIII, 1 p. 384).
B Inter — est	Urk. (cf. Ugh. V, 1258 ff.)
C Veneti — indix.	Urk. (L. P. II, 31 --33).
Marinus — est	cf. p. 127; Rol. Pat. 58; cf. p. 135.

Col.

348 D Anno — conc.	Urk. (Corn. XI, 1 p. 278).
Usque — fiant	Dand. cf. p. 137.
349 A et ob hoc — del. est	Paulin. 233, 3; Can. 83; Urk. (Font. XIII, 346).
BC Sept. — redi.	Can. 80—83; cf. p. 114.
C Marco — renov.	cf. p. 123.
D Dux — fecit	Urk. (Font. XIII, 319).
E — 350 A Fratr. — incho.	Urk. (Corn. IX, 279 ff.)
350 A Anno — succ.	cf. p. 123.
B Tunc — Carroc.	Paulin. 231, 43.
C quem — indux.	Riccob. Ferr. (Mur. SS. IX, 129.: cf. p. 127.
Dux — decrev. (D)	Urk. (Font. XIII, 342).
D Anno — rediit	cf. p. 135
E — 351 A Dev. — recip.	Urk. (Corn. XIII, 2 p. 224, 241).
351 A Fed. — mun.	cf. Paulin. 231, 43; cf. Rol. P. 70 ff. (Dand.)
C Guerr. — eleg.	Urk. (?)
CD Anno — obtin.	Urk. (P. Arch. III, 612, 613; L. Bl).
et ut — fecit	Urk. (cf. Pertz SS. XVIII, 189).
351 D — 352 A Anno — sepel.	Paulin. 231, 42; Can. 86—96; Riccob. 130.
352 A et Venet. — sunt	Urk. (L. P. IV, 83).
B Ludov. — fecer.	Paulin. 231, 44.
BC Corp. — depos.	P. C. 2, 368.
C Eodem — obtin.	Can. 97—102; cf. p. 114.
E — 353 A Anno — liber.	cf. Can. 84, 85; Chr. Marci; cf. p. 113.
353 B Dux — judic.	Dand. cf. p. 137.
C Feder. — sunt (D)	cf. Marc.; cf. p. 135 (Urk.?)
E — 354 A Jadr. — perm.	Can. 103, 104, 106, 110.
354 C Rex — transv.	Thom. c. 36 40.
cui — intul.	Dand.
E — 355 B Dux — tradid.	Can. 106—113; cf. p. 113; Thomas c. 43.
355 B Johannes — cessit	{ Dand. cf. p. 135.
C Dux — effic.	
C Barthol. — adhaes.	Urk. (?)
C Anno — commis. (D)	Dand. cf. p. 137.
D Dux — debe.	Urk. (Font. XIII, 418).
356 A Dux — mitt.	Can. 115.

Col.

356 BC Finito — redeunt	Can. 116 120; cf. p. 139.
357 B Ezel. — duc.	,, 122, 123
C Anno — fund.	Urk. (Font. XIII, 430).
D Anno — duxit (E)	Can. 125.
358 A Hic — trad.	,, 126; 127; cf. p. 138.
E — 359 B Mar. — est	Dand. (Urk.?)
359 CD Sec. — sunt	Dand. cf. p. 137.
360 C Eod. — mand.	Urk. (Font. XIII, 470).
Inter. - val.	Urk. (L. P. I, 310; II, 60).
D Eodem — sunt	Urk. (Font. XIII, 461; Ljubić I,
	105; 106).
Quarto — sepel.	Dand. cf. p. 138 (Urk.?)
361 D — 362 D Rayn. — coep.	Dand. (Urk.); Can. 129.
363 A Sec. — suscep.	cf. p. 135.
Post — sunt	Urk. (L. P. I, 294, 296; II, 43,
	46; IV, 145).
B Tertio — sunt	Dand. cf. p. 137.
CD Post — impend.	Urk. (? cf. Ugh. V, 1137).
D Guil. — expul.	Mar. San. Tors. (Hopf 101, 103).
E ex — haber.	cf. p. 135.
Post — fuit	cf. p. 123.
364 A Anno — compell.	cf. Mar. San. 104; cf. p. 135.
confoederatus	Font. XIV, 2.
CDE Interim — red. (365 A)	Paulin. 231, 1 (Mur. 1000); Can.
	133, 134, 136, 137.
365 A Eodem — Marc.	Paulin. 233, 3.
Et — ipsius (B)	(Chr. Marci).
B Anno — sunt	cf. Can. 153; cf. p. 114.
BC Dux — sunt	Urk. (L. P. IV, 228).
CD Dux — est	Urk. (P. Arch. III, 613; L. Bl.;
E Qui — renov.	L. P. II, 79—84; I, 47; 50).
E — 366 A Inter — induc.	Can. 154, 155; cf. p. 113.
Tunc — est	Paulin. 234, 9.
366 B Janu. — capt. sunt	Can. 156, 158; cf. Chr. Marci;
	cf. p. 113.
C Post — est	cf. p. 123.
Hoc — colloc.	cf. p. 135; P. C. 6, 284.
E — 367 A et XL — praeda	Can. 159, 161, 162, 164, 165, 166;
	cf. p. 113.
367 A loc. — praecon.	Paul. 234, 9.
BC Inter. — restit.	Can. 170, 172, 173.

Col.

367 C Dux condon.	Urk. ?,
D Nunc — illaes.	Can. 171.
368 BCD Post — sunt	Paulin. 234. 12.
E Anno — novo	Dand. cf. p. 137; (Corn. XIII, 1 p. 384).
369 A Ceter. — restit.	Urk. (Ljubić I no. 120, 121, 122).
B Marcus — recip.	Can. 175, 189; (cf. Mar. San. 115).
C Eodem — sunt	Dand. cf. p. 137
Inter. — prom. (D)	Urk. (?)
370 A Dux — rediit	Can. 192, 193.
B Marcus — est	,, 175, 177.
Caeter. — susc.	,, 175.
C Decimo — sunt (D	,, 176, 177, 178; cf. p. 135.
371 A Guil. — sunt	,, 179—186.
B Dec. — latit.	,, 194; Paulin. 234, 13; cf. p. 113.
Capit. — obtin.	,, 199, 200.
C Et Dux — ordin.	,, 197; cf. p. 135.
Quae — denot.	,, 195.
Tunc — venit	,, . 196, 197.
D Eod. — redux.	,, 201.
Eodem — sext.	Dand. cf. p. 137.
372 C Civit. — exsolv.	,, ,,
D Dec. — venit	Can. 203, 204, 205; Chr. Marci; cf. p. 113.
E — 373 A Illico — rede.	,, 205—209; cf. p. 38.
373 B Inter. — mis.	,, 187.
BC cum quo — corrob.	, 253—255; Font. XIV, 62; 77; 89.
C Mich. — admon.	Mar. San. 107, 118; cf. p. 134, 135.
D Hoc — renov.	Urk. (L. Bl. 212).
His — mand.	Can. 212, 213; cf. p. 113
E — 374 A Hic — propr.	,, 213—215: cf. p. 14.
374 B Dec. — fecit	Dand. cf. p. 137.
Tribus — exerc.	,, ,, ,, (Cor. XIII 1, p. 385).
C Hoc — tenere	,, ,, ,,
DE Inter. — rede.	Can. 216, 217, 224 —228, 231.
375 A Nunc — rede.	,, 219 222.
B Dec. — liberavit C)	cf. p. 135.
CD Heliod. — redier.	Can. 231 234.

Col.

375 D Postea — illaes. (376 A   Can. 235, 236, 255.
376 A Dec. — redier.   ,, 251, 252.
    Dux — tumul. (B)   ,, 256; cf. p. 138 (Dand.).
    B — 378 B Laur. — fuit   ,, 257—261, 263—283.
378 B Hic — est   cf. Can. 263.
    Tunc — red.   ,, ,, 282.
    C Huic — hab. (D)   ,, ,, 300, 304, 309.
    D Nunc — testam.   Dand. cf. p. 137 (Corn. XIII, 1
       p. 385).
379 B Sec. — rediit   Can. 284.
    Domin. — cond.   cf. p. 115, 134, 135.
    C Nunc — est   cf. p. 123.
    CD Incol. — effic.   Urk. (?)
    D Nuntii — innov.   Urk. (L. P. IV, 51).
    Hic — sunt   Dand. (Urk. ?)
380 A Tert. — reme.   cf. Can. 284.
    B Odoard. — red   cf. Paulin. 235, 17; (Urk. ?)
    Eodem — erant   Can. 285; Urk. (L. P. IV, 51).
    C — 382 A Eodem — fundav.   Can. 287—298; cf. p. 113, 114.
382 A Hoc — subjic.   Urk. (?)
    Thomae — succ.   cf. p. 123.
    B Joh. — relax.   Can. 298; Urk. (?)
    BC Eodem — fecit   Can. 298, 299.
387 A Sexto — deferr.   ,, 309, 310.
    B Marin. — recus. 388 A)   ,, 312—315, 323.
388 AB Gregor. — est   Paulin. 234, 2; Can. 316,
       320.
    C — 389 A Post — occ. sunt   Can. 323, 324, 321, 325, 326.
389 B Sept. — illaes.   ,, 327.
    Treg. — renov.   ,, 328.
    C Eodem — banniti   Dand.
    D Eodem — reclud.   Can. 328.
    D — 391 A Jacob. — nunciav.   cf. Can. 328—338; Urk. (?)
391 A Inter. — suas.   Can. 342, 343.
    B Dux — mitt. (—est)   ,, 344, 345; (Urk. ?)
    C Nunc — est   cf. p. 135.
    Inter — deven.   Urk. (L. P. IV, 352 ?)
    D Synd. — exp.   Urk. (?)
392 A — 393 D Dux — intimavit   cf. p. 135, 136; (Paulin. 235,
       4).
393 D Inter — habuer.   Paulin. 235, 4; Font. XIV, 151.

Cal.

393 E — 394 A Hic — firm.	Urk. (Font. XIV, 133).
394 AB Contra — sunt	cf. p. 135, 136.
C — 395 B Post — est	,, ,, ,,
395 B Episc. — posuit	Urk. (Ljubić I no. 164, 165).
C Joannes — est	cf. p. 136.
C — 398 C Contra — trad.	,, ,,

Beilage I.

(ad pag. 39 *ff.)*

Recension A.

Maiorum tradit antiquitas Venetias duas fuisse. Prima illa, quae
in vetustis historiis continetur, quae
tempore destructionis magnae Troiae
ab Antenore initium habuit, quae
a Pannoniae termino usque ad Addam
fluvium protelatur, cuius Aquilegia
civitas extitit caput, in qua beatus
Marcus evangelista divina gratia
perlustratus Christum Jesum dominum praedicavit. Qui deinde beati
Petri iussu Romam accedens de
hedificatione secundae Venetiae et
sui ibidem corporis requie divino
nutu ab angelo clarificatus fuit.
Secunda enim Venetia illa est, quae
in marinis insulis et littoribus fa-
bricata nunc etiam constare dignoscitur et Adriatici maris collecta
sinu interfluentibus undis positione
mirabili multitudine populi feliciter
habitatur. Qui videlicet populus ex
priori Venetia duxit originem tempore , quo Attila Hunorum rex

Recension B.

Predecessorum nostrorum auctoritate testante equidem ante constitutionem urbis Venetiarum praesentis altera Venetia fuit, de qua stilo historiographo memoriam facit antiquitas.
Et ab Anthenore subversionis Troiae
temporibus primordium describitur
assumpsisse. Troiae autem captivi-
tatem IIII[bus] CCVI annis et (sic !
ex) creatione mundi decursis auc-
tores veteres fuisse componunt.
Dicta autem Venetia primitiva con-
fines suos a Pannoniae finibus as-
sumebat versus maris littora et ex-
trema fluminis descendendo. Et
Aquilegiensis civitas tunc illius provinciae metropolis habebatur , ut
haec omnia in antiquis cronicis lucide declarantur. In dicta autem
Aquilegiensi civitate beatus Marcus
apostolus et evangelista sanctissimus
verbum domini evangelice praedicavit, qui postea jussu beati Petri
apostoli Romanam urbem accessit.

A.

exercitu congregato ad Italiae partes accessit, elapsis tunc ab incarnatione domini nostri Jesu Christi annis quadringentis viginti uno, in pontificatu Romano beato Leone papa primo, in imperio Theodosio iuniore tunc existentibus. Nam primo Aquilegiae civitatem apprehendit, Concordiam et Altinum ipsi vicinas incendit. Deinde per Vincenciam, Veronam, Pergamum et Brixiam iter faciens omnia dissipavit. Ob hoc nobilium et populi immensa multitudo persecutionem instantem volens evitare ad marinas insulas se transduxit, ubi oppida et vici in locis pluribus constructi fuerunt, et ibi Christianam et catholicam fidem totis viribus excolebant. Denique persecutore ortatu Leonis papae ad propria redeunte ipsorum pars tamen maior ad priora domicilia se reduxit. Sed qui in insulis remanserunt dei timore praeposito statum suum feliciter augebant, usque dum Narsis patricius a Justino secundo imperatore tunc ad Italiam directus verbisque Sophiae augustae commotus Langobardos, qui in Pannoniae finibus habitabant, sub Albuino eorum rege in Italiam introduxit, discursis tunc ab ipsius domini nostri Jesu Christi incarnatione annis quingentis sexaginta, in Romana ecclesia praesidente Benedicto papa primo; Aquilegiensi vero praeerat sanctissimus vir Paulus nomine, natione Romanus, qui Langobardorum rabiem metuens ad Gradi insulam confugit secumque beatissimorum martyrum corpora deportavit et ipsa honore

B.

His temporibus ab hac prima Venetia hodierna Venetiarum urbs initium felix assumpsit et in insulis iuxta maris Adriatici littora, quod moderni Venetiarum culphum appellant, fuit mirabiliter situata. Et in eadem urbe ad honorem beatissimi Marci praedicti tamquam vexilliferi atque devotissimi protectoris civitatis eiusdem mira venerandaque basilica fuit constructa, et quippe merito, cum ipsius apud deum intercessione atque deprecatione assidua dicta civitas inter ceteras mundi urbes procerum copia populique multitudine poleat ejusque nomen etiam apud remotissimas gentes famosissime protendatur; et ut de ipsius primitivo principio quaedam cognita nobis existant, advertendum est, quod Attila rex Hungariae flagellum dei anno IIII^{c}XXI incarnatione dominicae equitum et peditum exercitu copioso partes Lombardiae truculentus advenit, cuius accessus edificationi Venetiarum causam praecipue dedisse monstratur. Nam cum praefatus rex Attila Italiae partes inaniter lacessisset, Civitates Aquilegiae Concordiae et Altiliae, a quibus pro dolor sumpsit initium eas incendio et depopulationi subiiciens, et subsequenter Vicenciam, Veronam, Pergamum atque Brixiam saeva hostilitate vastasset, licet in expugnatione Paduae graviter vulneratus fuisse dicatur, omnesque alias contractas et partes, quas attingebat, destruere moliretur, multi nobiles et etiam populares illarum partium metuendum furorem regis

A.

dignissimo ibi recondidit. Concordiensis vero episcopus eadem causa motus ad Caprulense littus accessit. Cives enim Opitergii et Auxoli in civitate Eracliensi et Equili se reduxerunt. Et sic venerabilis Maurus Altinensis episcopus dei nutu inspiratus ad Torcellensem insulam et ad alias circumiacentes se reposuit. Eodem namque inductu diversarum civitatum tribuni et populi in Rivoalto, Metamauco, Clugia et aliis insulis et littoribus advenerunt, ubi sua cum primis ibidem habitantibus firmantes domicilia civitates, quae nunc adesse videntur, primitus construxerunt. Et interim venerabilis Paulus, dum praefatae Metropolitanae ecclesiae annis XII praefuisset, de hoc saeculo vitam finivit. Cui successit Probinus, natione Beneventanus, qui hanc ecclesiam uno anno rexit. Cui ex canonicorum populique electione et Romani pontificis Pelagii confirmatione successit dompnus Elyas ex Graecorum genere ortus, qui sanctae Eufemiae ecclesiam praesulisque domum in Gradensi civitate, cui Aquilegiae novae nomen imposuit, primo construxit ac universalem sinodum ibidem congregavit, in ipsa asserens: »Carissimi fratres, intervenientibus malis nostris cotidie hostile perpetimur flagellum; etiam pridem ab Attila Hunorum rege Aquilegia civitas nostra funditus fuit destructa et postea Gothorum incessu et ceterorum barbarorum quassata vix aspirat. Sed nunc Langobardorum nefandae gentis flagella substinere

B.

eiusdem effugere cupientes, sano usi consilio, ad maris insulas et littora descendentes in illis habitationes sibi fecerunt, quamquam rabie eiusdem Attilae dei reconciliatione fugata plurimi tam nobiles quam populares relictis domunculis antedictis ad lates (sic!) pristinos redierunt. Ad maiorem etiam et pleniorem notitiam dicendorum inserendum esse proposui quod destructionis Troiae temporibus plures nobiles Troiani navibus ad partes Experiae transfretarunt, quorum aliqui in Sicilia, quidam in partibus ubi Romana civitas est fundata, nonnulli in Sardiniam et alii in Carthaginem sunt profecti, de quorum numero Eneas fuisse narratur qui postremo mare Adriaticum seu culphum Veneiis (sic!) adivit; et in ipsius maris Adriatici seu culphi Venetiarum partes Anthenor, domina Verona in plurium aliorum nobilium comitiva ad horis Frigiis se redentes (sic! ab oris Fr. seced.?) directa navigatione venerunt, plures civitates edificantes. Nam dictus Anthenor Pataviam, cui hodie dicitur Padua, sua magnanimitate construxit; domina Verona civitatem Veronae fundavit. Civitas vero Altiliae, cui nomen est hodie Altinum, a praedictis nobilibus sumpsit exordium et idem de Opitergina Civitate, Aquilegia, Concordia et Asilo nec non de pluribus aliis civitatibus atque castris veridice dici potest. Interim dum quidam sanctus vir Paulus nomine, Romanus origine, Attilae praedicti temporibus Aquilegiensem ecclesiam tamquam illi

A.

non potest. Quapropter dignum
ducit mansuetudo nostra, si vestrae
placet sanctitati, in hoc castro Gradensi nostram confirmare metropolim«. Quod dictum omnibus episcopis, clero et populo complacuit.
Quod ipso procurante a Pelagio
tunc summo pontifice confirmatum
extitit per publicam privilegii
cartam inter cetera continentem,
qualiter ipsum primatem Venetiarum, Ystriae, Dalmatiae constituebat.
Cumque dictus Elyas huic ecclesiae
annis quatuordecim praefuisset, de
hac vita transgrediens in ecclesia
sanctae Eufemiae, quam ipse con-
struxerat, sepultus fuit. Interea
maiores et populi multitudo viden-
tes se honoribus insigniri de eorum
statu in marinis augmentando insulis fiduciam habuerunt et se ad
invicem cum provinciales (sic!)
saepius congregantes de communi
bono mirabiliter pertractabant, generali ordinatione cernentes tribu-
nos in quolibet oppido fore consti-
tuendos, qui deo praevio et iustitia
suadente malos a malo penarum
cohercione facerent deviare, bonos
vero praemiorum exortatione in
melius facerent proficisci. Et sic
unanimiter ad bonum publicum
intendentes eorum provinciam per-
sonis pariter et divitiis fortiter au-
xerunt, habentes tamen honorem
suum prae ceteris cariorem. Ideo
discursis tunc ab incarnatione domini nostri Jesu Christi annis VIᶜ
LXXXXVII Constantino papa Romanam ecclesiam regente, Christo-
foro Gradensem ac imperante Ana-
stasio et Liuprando Langobardorum

B.

praesidens gubernaret, horrendam
Lombardorum tirampnidem eius-
demque Attilae descendentis fero-
cem insaniam, qui cunctas civitates
et loca ad quae faciebat accessum
miserabiliter flagellabat, unde et
Attila flagellum dei nomen assumpsit, non inmerito praetumescens
(sic! praetim.?) cum civibus Aqui-
legiensibus se ad partes maritimas
transtulit; secum corpora sanctorum
gloriosorum martyrum Hermacorae
et Fortunati devotissime defferentes
ibi Gradum edificaverunt et in eodem loco ecclesiam, in qua dicta
sanctissima corpora fuerunt ab eis
honorifice tumulata, construxerunt.
Etiam ecclesiam aliam edificaverunt
ad honorem beatarum virginum
Euphemiae et Dorotheae, Teclae
et Parasinae patriarchalemque sedem
in Grado firmaverunt. Concordienses
vero cum episcopo suo Attilae praedicti terrore compulsi Concordiam
relinquentes venerunt ad litora maris
et Caprulas exstruxerunt in ipsa
terra cuncta sua, quae potuerunt,
tam in temporalibus quam spiritualibus transferentes. Opitergini
quedam (quidem?) a sua civitate
exitum facientes Eraclianam civitatem fecerunt, cui nunc dicitur
Civitas nova, et ad illam cum omnibus iuribus et bonis suis atque
iurisdictione spirituali et temporali
venerunt. Asilienses autem Asilam
(sic!) pavore Attilae dimittentes partes
maritimas petierunt et ibi Equilum
condiderunt, illuc cuncta iura et
bona sua cum iurisdictionibus eorum temporalibus et spiritualibus
provehentes. Episcopus Altiliae, qui

A.

rege praesidente maiores universi et populi multitudo acceptantes id quod dominus ore prophetico populo suo promisit, videlicet quod daret sibi caput unum et quod princeps unus esset in medio eorum, edicto generali citati in Civitate nova se unanimiter reduxerunt statuentes honorabilius esse a duce regi quam a tribunis, quod decretum usque nunc extitit observatum. Et quia nostri propositi executio ad ipsorum ducum creationes et eorum magistralia opera principaliter intendit, ideo aliis praetermissis ad hoc transeamus.

B.

vocabatur Maurus, homo quippe magnae reverentiae, divina inspiratione commotus, cum eius civibus ad insulas, littora dicti maris ad invicem ascendens Torcellum, Maiorbium, Buranum, littus de bono (?) Castegnanum (sic!), et Murianum in illic littoribus et insulis construxerunt, bona sua et iura eorum temporaliter et spiritualiter in dictis terris maritimis colocando et omnes dictas terras sub uno episcopatu scilicet Torcellano unanimiter concludendo. Pathavi vero de civitate Pathaviae, quae hodie Padua dicitur, exeuntes ad maris littora accesserunt morbo simili laborantes et ibi fecerunt Mathamaucum, illud videlicet, quod nunc est super mari longe a littoribus per miliaria decem, et edificaverunt ibi episcopatum suum, qui postea ad civitatem Clugiae fuit translatus. Et in littoribus Clugiae, dum adhuc nulla civitas esset, ibi multi nobiles et populares recurrentes sibi domunculas construxerunt, fugientes a facie persequentis. Verum ut de modo translationis sedis Aquilegiensis in Gradum pateat evidenter, advertendum est, quod quidam dompnus Helias Graecus, qui ad patriarchalem sedem Gradensem a canonicis et cuncto populo unanimiter fuit promotus et a summo pontifice confirmatus in quodam generali concilio plurima notabilia atque utilia proposuit et narravit, quae seriatim describere legentibus de facili fastidium generaret; sed inter cetera dixit: »Dum nobis non existat incognitum, sed potius liquidum universis Civitatem

B.

nostram Aquilegiensem inmanitate
regis Attilae fuisse destructam eam-
que ob barbarorum et Gothorum Lom-
bardorumque afflictionem continuam
respirare non posse, dignum ergo
congruumque fore praecenseo, ut
in hoc castro Gradensi, ubi etiam
corpora beatorum Fortunati et Ier-
macorae translatione quiescunt, sedem patriarchalem, prout esse in
Aquilegia consueverat, stabiliri
(sic!)«. Quod et placuit concilio
episcoporum aliorum clericorum
totiusque populi congregatorum ibidem et a domino summo pontifice
postea gratiose extitit approbatum.
Nam eundem patriarcham et suc-
cessores suos in patriarcham atque
metropolitanum Venetis, Istriae atque Dalmatiae spirituali privilegio
constituit et decrevit, ut hodie est.
IIis namque sic se habentibus dum
nobiles et populares huius provinciae statum et condiciones suas aspi-
cerent dei nutu feliciter augmen-
tari, terras et facultates suas am-
pliare de bono in melius propo-
nentes, saepe coadunabantur ad invicem et de his, quae utilia forent
pro sui status augmento, dulciter
practicabant, statuta et ordines,
prout expedit utilitati publicae, co-
gnoscebant in dictis consiliis decer-
nentes. Semel autem fuit in eorum
generali consilio diffinitum, ut in
singulis locis et terris praedictis potestates (sic!) et rectores praeficerentur
ab eis, qui iusticiam prae omnibus
amplexantes deumque habentes prae
oculis iura redderent et facerent
universis, cives patriae non solum
metu penarum, sed etiam bonorum

B.

praemiatione bonos efficere cupientes sicque immunitatis atque
pacis dulcedine, iustitiae exhibitione
felicem statum patriae in gentium
multitudine divitiarumque acquisiti-
one ceperunt honorabiliter sustentare.
Postremo optantes adhuc sibi salu-
brius providere in Eracliana civitate,
quam caput et metropolim totius
provinciae decreverunt, communi
placito iniverunt universaliter habi-
tare, ubi unum nobilem ex se ipsis
elegerunt in dominum et rectorem
et eum sub ducis vocabulo decora-
verunt, idem nomen et titulum sibi
tamquam elegantem et honorabilem
congruere dignoscentes, sub cuius
nominis praeexcellentia usque in
hodiernum diem eligitur dei gratia
permittente. Et quia ultra prae-
narrata finalis mea versatur intentio
creationem ducum, qui a principio
usque modo fuerunt, discere manifeste locaque et terras, in quibus
electi quibusve ducaverunt, adiungere particulariter et distincte in-
vocato prius divino praesidio, sine
quo nullum fundatur exordium, in
cipiam tractatum eundem et prosequar ut decebit. Ultimo autem
de origine et progressu nobilium
domorum Venetiarum sub compendio declarabo.

Beilage II.

Die nebenstehenden Facsimiles betreffend, bemerke ich, dass ich No. 1) — die eigenhändige Unterschrift Andreas Dandolo's — aus einer Urkunde des Staatsarchivs zu Venedig kopirt habe, und dass der Vicedirettore des Museo Civico Correr, Caval. Domenico Urbano, dieselbe mit einer im genannten Museum befindlichen zu vergleichen die Güte hatte.

No. 2a) und 2b) sind, wie aus den beigesetzten Citaten ersichtlich, aus dem Cod. M₁;

No. 3) aus dem Cod. der Laurentianä (S. Croce) Sin. plut. XXI, I entnommen.

Corrigenda.

p.	9	Anm.	1	lies col. 419 C	statt	c.
,,	11	,,	4	,, appetent.	,,	appent.
,,	12	,,	3	,, eminentius	,,	emen.; quanto st. quanta.
,,	16	,,	2	,, Lebret	,,	Lobret.
,,	17	Z.	15 v. o.	lies partes³)	,,	²).
,,	24	bei »Giberto«		lies 1249	,,	1129.
,,	31	Z.	2 v. o.	,, col. 356 A	statt	346 A.
,,	37	,,	1 v. u.	,, Participazio	,,	Partecip.
,,	110	,,	16 v. o.	,, da Canale	,,	de
,,	113	,,	5 v. o.	,, § 204	,,	205.

Druck von E. Mühlthaler in München.